L'ENQUÊTE EN ETHNOMUSICOLOGIE

PRÉPARATION, TERRAIN, ANALYSE

Dans la même collection

Camille Saint-Saëns et le politique de 1870 à 1921 : le drapeau et la lyre, par Stéphane LETEURÉ, 2014, 224 pages.

Darius Milhaud, compositeur et expérimentateur, sous la direction de Jacinthe HARBEC et Marie-Noëlle LAVOIE, 2014, 288 pages.

La steppe musicienne : analyses et modélisation du patrimoine musical turcique, par Frédéric LÉOTAR, 2014, 320 pages.

La musique face au sytème des arts ou les vicissitudes de l'imitation au siècle des Lumières, sous la direction de Marie-Pauline MARTIN et Chiara SAVETTIERI, 2014, 352 pages.

Ernest Van Dyck et Jules Massenet : une interprète au service d'un compositeur, par Jean-Christophe BRANGER et Malou HAINE, 2014, 176 pages.

Michèle Reverdy, compositrice intranquille, par Yves BALMER et Emmanuel REIBEL, 2014, 200 pages.

Le compositeur, son oreille et ses machines à écrire : déconstruire les grammatologies du musical pour mieux les composer, par Fabien LÉVY, 2014, 288 pages.

Les Variations pour piano, op. 27 d'Anton Webern : essai d'analyse sémiologique, par Luiz Paulo de OLIVEIRA SAMPAIO, 2014, 256 pages.

L'essor du romantisme : la fantaisie pour clavier de Carl Philipp Emmanuel Bach à Franz Liszt, par Jean-Pierre BARTOLI et Jeanne ROUDET, 2013, 400 pages.

Analyses et interprétations de la musique : la mélodie du berger dans le Tristan et Isolde *de Richard Wagner*, par Jean-Jacques NATTIEZ, 2013, 402 pages.

Bruxelles, convergence des arts (1880-1914), sous la direction de Malou HAINE et Denis LAOUREUX, avec la collaboration de Sandrine THIEFFRY, 2013, 408 pages.

(suite en fin d'ouvrage)

L'ENQUÊTE EN ETHNOMUSICOLOGIE

PRÉPARATION, TERRAIN, ANALYSE

par

Simha Arom et Denis-Constant Martin

VRIN

MusicologieS

La collection *MusicologieS* présente des ouvrages qui répondent aux attentes des mélomanes, des musiciens, des musicologues mais aussi à celles de toutes les personnes qui s'intéressent à la musique et qui souhaitent découvrir et explorer son histoire, son langage, sa place et son rôle au cœur des sociétés occidentales et non occidentales.
La musicologie contemporaine possède de multiples orientations disciplinaires : histoire, histoire de l'art, philosophie, psychologie, psychanalyse, esthétique, sociologie ou anthropologie, pour ne citer qu'elles. Les ouvrages de la collection puiseront à ces univers et contribueront à la connaissance et à la compréhension des musiques savantes et populaires de toutes les époques.

MusicologieS
collection dirigée par
Malou Haine et Michel Duchesneau

Imprimé en France

ISSN 2114-169X
ISBN 978-2-7116-2573-4

www.vrin.fr

La musique souvent me prend comme une mer !
Vers ma pâle étoile,
Sous un plafond de brume ou dans un vaste éther,
Je mets à la voile…

Charles Baudelaire
« La musique »
Les fleurs du mal

PROLÉGOMÈNES

L'ETHNOMUSICOLOGIE, DÉFINITIONS ET DÉBATS

L'ethnomusicologie, quelle que soit la conception qu'on en a, quels que soient les domaines dans lesquels elle opère, suppose un « travail de terrain ». Le « terrain » n'est pas – n'est plus – un donné d'évidence. On convient aujourd'hui qu'il est construit. Il est construit pour les besoins d'une recherche, en fonction de ses hypothèses, de ses objectifs ; il est construit à l'intérieur des limites qu'imposent les réalités physiques et sociales dans lesquelles travaille le chercheur[1] ;

1. Après moult hésitations, nous avons choisi dans ce texte de rester fidèles à la pratique, habituelle en français, du « masculin générique » (voir Jean Dubois et René Lagane, *La nouvelle grammaire du français*, Paris, Larousse, 1973, p. 48) qui consiste à utiliser le masculin grammatical pour désigner ensemble hommes et femmes. Ainsi, l'« ethnomusicologue », le chercheur, l'enquêteur dont nous parlerons à chaque page, ou presque, désignent aussi bien une femme qu'un homme, amalgame facilité en ce qui concerne l'ethnomusicologue par l'élision de la désinence de l'article qui aurait induit le genre. En revanche, là où le politiquement (ou le « genrément ») correct voudrait que l'on indique et le masculin et le féminin (« l'ethnomusicologue… elle / il ») ou qu'on les alterne comme en certains textes anglais (« l'ethnomusicologue… il ; … elle »), nous avons préféré, pour

il est construit au cours de l'interaction entre enquêteurs et enquêtés. Pour l'anthropologue, écrit Jean-Pierre Olivier de Sardan,

> le terrain constitue ainsi un ensemble de ressources et de contraintes qui définissent le cœur de la spécificité anthropologique. Mais qu'on ne se méprenne pas : ces contraintes et ressources sont destinées à stimuler l'imagination anthropologique, non à la brider[2].

Il en va de même pour l'ethnomusicologue. Le terrain est à la fois le test et le levain de la théorie ; il est le domaine d'expérimentation et de vérification des méthodes.

Les terrains de l'ethnomusicologie sont aujourd'hui devenus extrêmement divers, sinon infinis. Le village ou le campement indien, africain ou amazonien offrent toujours des territoires de recherche, mais s'y sont ajoutés les villes et leurs quartiers, les lieux de production musicale (salles de concert, festivals, studios) et leurs rites propres, sans restriction de genre, dans toutes les régions du monde. Si l'ethnomusicologue travaille sur le terrain, il travaille le terrain (puisque sa présence même crée une situation

---

ne pas alourdir le texte ou risquer d'y introduire des confusions, continuer à utiliser le masculin générique. Nous souhaitons que lectrices et lecteurs n'y voient aucun préjugé de mâle supériorité – que le nombre et la qualité des femmes ethnomusicologues rendraient immédiatement ridicule – mais simplement le recours à une règle grammaticale que l'on peut considérer comme désuète et conservatrice, mais à laquelle il ne nous semble pas qu'ait été trouvée une solution de rechange claire, élégante, et véritablement féministe (Claire Michard, « Genre et sexe en linguistique : les analyses du masculin générique », *Mots*, vol. 49, 1996, p. 29-47).

2. Jean-Pierre Olivier de Sardan, *La rigueur du qualitatif : les contraintes empiriques de l'interprétation socio-anthropologique*, Louvain-la-Neuve, Academia Bruylant, 2008, p. 22.

a-normale, provoque une rupture dont il doit être conscient pour tirer les avantages analytiques de cette situation), et le terrain le travaille car il le pousse, il l'oblige à revoir sans cesse ses hypothèses, à ajuster ses méthodes, à interroger ses cadres théoriques, voire à ré-inventer les unes et les autres. Le terrain est l'aiguillon de l'imagination, moteur de l'esprit scientifique bachelardien qui propulse aussi l'anthropologie et l'ethnomusicologie.

LE TERRAIN DANS L'ETHNOMUSICOLOGIE

C'est la place centrale du terrain dans le travail ethnomusicologique qui justifie la proposition de cet ouvrage, en complément de textes plus généraux abordant les problèmes d'ensemble de la recherche en ethnomusicologie et présentant pour les illustrer des études de cas détaillées. Ces considérations sur le terrain sont le résultat d'une pratique ethnomusicologique de presque cinquante années qui, à partir de l'Afrique centrale, a conduit Simha Arom vers d'autres sociétés et des formes de musiques extrêmement diverses, et d'un dialogue engagé dès 1971 entre ce dernier et Denis-Constant Martin, sociologue dont certaines recherches, inspirées par celles de Simha Arom, ont porté sur les musiques urbaines et les musiques populaires de diffusion commerciale. Ces réflexions visent à faire partager sous une forme accessible – dans laquelle alternent textes généraux et considérations ou récits à la première personne – cette pratique, ce dialogue et les leçons qu'on en peut tirer, sans prétendre le moins du monde fournir un livre de recettes ou un recueil de règles. Tirées de l'expérience, elles ambitionnent seulement de nourrir d'autres expériences, de faire réfléchir ceux qui les vivent sur leur pratique, sur leur manière de « construire » le terrain, sur les rapports qu'ils entretiennent avec ceux qu'ils y rencontrent, dans l'espoir que leur travail s'en trouvera facilité, que leur imagination en sera éperonnée. Aux lectrices et lecteurs de continuer à mettre en jeu les enseignements de cette expérience pour les tester, les enrichir, les développer. Tant il demeure vrai que

> l'esprit scientifique est essentiellement une rectification du savoir, un élargissement des cadres de la connaissance. Il juge son passé historique en le condamnant. Sa structure est la conscience de ses fautes historiques. Scientifiquement, on pense le vrai comme rectification historique d'une longue erreur, on pense l'expérience comme rectification de l'illusion commune et première. Toute la vie intellectuelle de la science se joue dialectiquement sur cette différentielle de la connaissance, à la frontière de l'inconnu. L'essence même de la réflexion, c'est de comprendre qu'on n'avait pas compris[3].

On peut faire remonter l'histoire de l'ethnomusicologie à la fin du XVIIIe et au début du XIXe siècles. L'émergence et le développement de cette discipline ayant été retracés ailleurs, il suffit de rappeler ici qu'elle s'est progressivement dégagée du sens qu'impliquait strictement son étymologie : « discours sur les musiques nationales ». En ses débuts, elle s'attacha en effet à considérer, sous l'angle de leurs spécificités, les pratiques et les productions musicales de « groupes ethniques » et de « communautés culturelles » traités comme homogènes, en s'intéressant surtout à celles que l'on rencontrait dans des

3. Gaston Bachelard, *Le nouvel esprit scientifique*, Paris, Presses universitaires de France, 1934; 1963, p. 174.

sociétés situées loin de l'Europe et de l'Amérique du Nord, ou en leurs marges (sociétés amérindiennes et balkaniques). L'ethnomusicologie des premiers temps était teintée d'exotisme, au point que Benjamin Gilman, par exemple, pouvait intituler un article pionnier « The Science of Exotic Music »; elle se consacrait aux « autres », aux « différents », à ce qui fleurait bon le rural, le « naturel », pour ne pas dire le « primitif ». Cette conception, que l'on rencontrait parallèlement chez certains des premiers anthropologues, se transforma progressivement et, à la fin du XXe siècle, se trouva pratiquement récusée. D'une part, des chercheurs, étatsuniens notamment, montrèrent que les musiques urbaines étaient également dignes d'intérêt et que leur étude était riche d'enseignements quant au fonctionnement et à la transformation des systèmes musicaux, aussi bien que sur les places et fonctions sociales de la musique; d'autre part, les notions d'ethnie, de tradition et de culture furent remises en cause, et leur validité en tant que catégories analytiques s'en trouva extrêmement affaiblie, sinon totalement rejetée. Même si le mot ethnomusicologie continuait d'être utilisé, les travaux qu'il recouvrait ne pouvaient plus se limiter à ce que l'on considérait naguère comme des musiques ethniques ou de communautés culturelles isolées.

L'élargissement du champ de l'ethnomusicologie impliqua également le rejet d'une perspective phylogénétique. Si toutes les pratiques musicales sont inscrites dans l'histoire et dans les relations qui se sont développées entre entités humaines, celles qu'étudient les ethnomusicologues doivent impérativement être considérées comme contemporaines du moment où elles sont observées et ne peuvent être traitées comme des vestiges, des témoins d'un passé révolu. Il en découle que la notion de « primitivité », source possible d'une modernité qui serait le propre des sociétés « développées » ou « civilisées » d'Europe et d'Amérique perd toute validité et que les études ethnomusicologiques ne sont susceptibles d'éclairer les mécanismes de changement musical que dans la mesure où, à l'aube du XXIe siècle, les fruits de plus d'un siècle de collectages et, notamment, d'enregistrements permettent et de constater la pérennité de certains répertoires et formes, et de suivre l'évolution d'autres formes ou répertoires sur une durée relativement longue. En revanche, la révision de la notion de « tradition » qui conduit à la saisir comme un ensemble de « structures établies de créativité »[4] au sein duquel le changement survient du fait de l'interaction entre ce qui est « établi » et la « créativité », stimulée par des facteurs extérieurs ou non, implique que toutes les musiques, partout, ont subi des transformations : lorsque les organisations et les représentations sociales, les systèmes de valeur et de croyances évoluent, les musiques participent de et à ces changements[5]. Ceux-ci peuvent être plus ou moins lents, plus ou moins rapides selon les lieux et les époques ; ils résultent de ce que Georges Balandier analyse comme une dialectique des dynamiques de l'intérieur et de l'extérieur : de la synergie découlant de changements sociaux et d'aspirations esthétiques internes aux sociétés et d'influences

4. David B. Coplan, « Ethnomusicology and the Meaning of Tradition », dans Stephen Blum, Philip V. Bohlman et Daniel M. Neuman (dir.), *Ethnomusicology and Modern Music History*, Urbana, University of Illinois Press, 1993, p. 35-48, ici p. 40.

5. Ainsi, pour ne prendre qu'un exemple très simple, lorsque des chants sont liés à des circonstances qui tombent en désuétude, ils changent de fonction et se transforment ou disparaissent.

externes qui peuvent être recherchées ou imposées[6], mais finissent presque toujours par être appropriées. Dans le respect de la neutralité axiologique (aucune musique ne doit être considérée comme intrinsèquement supérieure à une autre) recommandée par Max Weber, l'ethnomusicologie retrouve ainsi une vocation comparative à deux dimensions : comparaison synchronique entre musiques étudiées durant la même période ; comparaison diachronique portant sur les transformations[7] de celles qui sont pratiquées aussi bien dans une seule et même société que dans des sociétés distinctes. Elle permet d'échapper à une définition trop étroite de « la » musique en invitant à préciser en chaque lieu, en chaque occasion ce que les « musiqueurs »[8], pour utiliser le terme suggéré par Gilbert Rouget, et les auditeurs considèrent comme telle, ou non[9], en prenant notamment en compte leurs propres terminologies relatives au chant, à la danse, à la poésie, au jeu, au nom des instruments et aux circonstances dans lesquelles elle est pratiquée.

6. Ces influences se trouvent notamment dans le cadre de l'esclavage ou du colonialisme, puis de la diffusion internationale des musiques grâce aux nouvelles techniques d'information et de communication.

7. Les transformations sont ici entendues comme des enchaînements de circonstances suscitées par un entrecroisement de facteurs.

8. C'est-à-dire tous ceux qui sont impliqués dans une performance musicale caractérisée à la fois par le type de musique qui y est produit et les circonstances dans lesquelles et pour lesquelles elle est produite.

9. La techno est évidemment considérée comme un genre musical par celles et ceux qui la pratiquent et la goûtent, quand d'autres n'y perçoivent que du « bruit » (ce qui fut, auparavant, le cas pour le jazz ou le rock) ; les « objets musicaux » de Pierre Schaeffer et bien des productions de musique électro-acoustique se sont vues pareillement refuser la qualité de « musique » par nombre de « mélomanes ».

QU'EST-CE QUI RELÈVE DU MUSICAL, ET POUR QUI ?

Ce qui est musique pour les uns, ne l'est pas nécessairement pour les autres. Dans la plupart des sociétés de transmission orale, le concept *musique* est inexistant et ce qu'il recouvre varie de manière sensible. En Afrique subsaharienne, on désigne par « chant » toute manifestation sonore soumise à un étalonnage régulier du temps, ce qui signifie que toutes les durées y sont proportionnelles. Toute entité sonore répondant à ces conditions, fût-elle chantée, déclamée ou matérialisée par un instrument ou ensemble instrumental, est appelée « chant ». Seul relève du musical ce qui est mesuré, ce qui peut servir de support à une danse collective et qui doit nécessairement être étalonné par une pulsation régulière. C'est pourquoi les rugissements du rhombe, les mélopées des chasseurs au filet et les lamentations funèbres n'entrent pas dans la catégorie « chant ».

LES « MUSIQUES » QUI N'EN SONT PAS...
(PAR SIMHA AROM)

Les rhombes

Aérophone utilisant le frottement de l'air ambiant pour la production du son, le rhombe, lié aux cérémonies magico-religieuses de nombreux peuples, n'est pas considéré comme un instrument de musique. Il consiste en une plaquette façonnée le plus souvent en bois, os ou métal, au contour parfois dentelé. La plaquette est percée d'un trou où passe une cordelette. L'officiant la fait tournoyer au-dessus de sa tête de façon à faire vibrer l'air en produisant un vrombissement modulé dont le son varie en fonction de la forme, de la taille de la plaquette et de la vitesse de son tournoiement. En Afrique subsaharienne, les sons qu'il produit évoquent souvent les ancêtres, intercesseurs entre le monde terrestre et le monde surnaturel.

Les cris de chasse

Lorsque les Pygmées aka (République centrafricaine) installent leurs filets au cours d'une chasse collective, on peut entendre une série de mélopées et de brefs motifs mélodiques ; ceux-ci, non mesurés, sont exécutés en alternance par des gens disposés en des lieux différents de la forêt. Leur fonction est d'assurer entre les chasseurs un contact phatique (c'est-à-dire une communication qui ne vise pas à transmettre un message) leur permettant de se situer les uns par rapport aux autres et de rabattre le gibier. Pour les Aka, cette pratique procède des techniques de chasse et non du « chant » [10].

Les lamentations

Après un décès chez les Somba du Bénin, mais également ailleurs en Afrique de l'Ouest, il est d'usage que les femmes, assises à même le sol autour du corps du défunt psalmodient, le plus souvent en alternance, des déplorations funèbres. Là encore, il ne s'agit pas de chant, donc de musique, mais de « pleurs » [11].

Les langages tambourinés et sifflés

Les langages tambourinés et sifflés sont des modes de communication faisant appel à des tambours ou des sifflets pour transmettre des messages dont les destinataires sont hors de portée de l'émission vocale ordinaire. Ils sont encore en usage aujourd'hui dans différentes régions du monde. Ils relèvent de principes différents selon que les langues naturelles des sociétés qui en font usage sont des langues dites « à tons » ou non. Dans le premier cas, ils sont régis par des lois relevant à la fois de la langue et de la musique puisque, pour transmettre des messages linguistiques, on a recours à des instruments de musique.

---

10. Simha Arom, *Aka Pygmy Music* [1973], enregistrements, photos, texte de pochette, Paris, UNESCO, collection « Musics and Musicians of the World », Auvidis (D 8054 AD 090), 1994, plage 1.

11. Simha Arom, *Benin : Bariba and Somba Music* [1977], enregistrements, photos, texte de pochette, Paris, UNESCO, collection « Musics and Musicians of the World », Auvidis D 8057 AD 90.), 1994, plage 10.

Dans une langue à tons [12], chaque voyelle est nécessairement affectée d'une hauteur : tout changement du ton d'une voyelle peut donc modifier le sens du mot au sein duquel elle figure. C'est dire que, dans ces langues, les tons ont une fonction distinctive, au même titre que les voyelles et les consonnes. Certaines langues possèdent deux tons, d'autres trois, rarement quatre. Les tons de la langue n'ont pas de hauteur fixe ; leur pertinence tient à leur opposition, non à la grandeur des intervalles qui les séparent. Lorsqu'on a affaire à des langues tonales, le langage tambouriné se fonde généralement sur une reproduction schématisée des hauteurs pertinentes affectant les voyelles de la langue, hauteurs qui sont alors émises sur un rythme identique à celui de l'élocution. Pour les langues non tonales, les messages émis au moyen de tambours ou de sifflets obéissent à un code prédéterminé, fondé soit sur des formules stéréotypées – donc arbitraires – sans lien organique avec la langue (telle formule rythmique aura telle signification, s'opposant ainsi à toutes les autres), soit qu'ils n'en reproduisent que l'intonation, les accents de la langue et l'articulation rythmique. Qu'il s'agisse ou non de langues tonales, les messages émis au moyen des langages tambourinés et sifflés constituent, dans leur grande majorité, des ensembles finis.

L'utilisation de tambours comme moyen de communication est probablement très ancienne. Selon la matière, la forme et la dimension des tambours, le mode de frappe (au moyen de baguettes, de mailloches ou à mains nues), la configuration du terrain, les conditions météorologiques et le moment de son émission (jour ou nuit), un message tambouriné peut être entendu jusqu'à une dizaine de kilomètres. Les langages tambourinés sont encore couramment utilisés, particulièrement en Afrique centrale et occidentale – où les langues sont tonales – par un ou deux tambours de bois à fente frappés par des mailloches (Afrique centrale) ou par un tambour-sablier à tension variable frappé par

12. Voir plus avant dans le chapitre 6 la section « Rapports musique-langue ».

une baguette recourbée (Afrique occidentale). Ils sont également pratiqués en Nouvelle-Guinée (Papouasie) et en Amazonie, où les langues ne sont pas tonales. Outre leur rôle « fonctionnel », qui consiste à transmettre des messages que l'on pourrait appeler d'utilité publique (convoquer une assemblée, annoncer la venue d'une personnalité, avertir d'un décès, prévenir d'un danger, appeler un individu), les langages tambourinés servent aussi à lancer des proverbes, des dictons, voire des louanges, des plaisanteries ou des insultes et, lors de danses collectives, à avertir ceux qui y prennent part des changements de pas qu'ils ont à effectuer.

Les langages sifflés permettent des communications qui couvrent de plus vastes distances que le langage parlé, dans un rayon de 1 à 2 kilomètres. Dans les régions montagneuses, ce système de communication est largement utilisé par les bergers et sert à transmettre des messages de vallée en vallée. En Afrique subsaharienne – où l'on en compte plusieurs centaines –, ils sont attestés notamment à l'Ouest[13], mais également en Afrique du Sud. Ailleurs, on les trouve au Mexique, en Amazonie, en Asie du Sud-Est (Népal), en Nouvelle-Guinée, dans les îles Canaries, en Turquie, en Grèce et, jusqu'à récemment, dans les Pyrénées françaises.

Si ces productions sonores peuvent indubitablement représenter un intérêt pour l'ethnomusicologie et méritent d'être enregistrées et analysées, il importe évidemment, sur le terrain, de noter les conceptions indigènes[14] relatives à ce qui est « musique » et ce qui n'en est pas, conceptions indispensables à la compréhension de la place et du rôle que tient la musique (ou ce qui est considéré comme telle) dans une société donnée.

13. Au Ghana, chez les Ewe, Kusasi, Mamprusi ; au Nigeria et au Togo, chez les Yoruba et les Ewe ; au Burkina Faso, chez les Lyela ainsi qu'au Sénégal et en Côte d'Ivoire.

14. Rappelons que « indigène » signifie « qui est originaire du pays où il se trouve » ou « du pays où il habite » et n'induit aucune connotation péjorative ou méprisante.

Paroles et musique : épopées et chantefables

Dans une société où la transmission des savoirs s'effectue pour l'essentiel par la parole, la littérature orale recèle des connaissances pratiques, des codes de conduite et des valeurs morales. Au sein de cette littérature, il y a lieu de distinguer entre les narrations qui sont intégralement parlées et celles, nombreuses, où la musique est partie prenante. Dans ce dernier cas, le lien entre paroles et musique est souvent étroit au point que toutes deux constituent, sur leurs bases respectives, les linéaments nécessaires et d'importance équivalente de la structure narrative. Deux cas se présentent : soit le récit est entièrement chanté – ce qui est fréquent dans les *épopées* –, soit les séquences parlées alternent avec d'autres, chantées. On parle alors de *chantefables*.

Les épopées sont de longs poèmes ou de vastes récits en prose dont l'objet est d'exalter des héros ou de rappeler des actions mémorables. Le narrateur d'une épopée chantée s'accompagne le plus souvent d'un instrument ; parfois même il danse au cours de sa prestation. Les épopées sont fréquentes dans de nombreuses cultures, en Asie (Philippines, Caucase), en Europe (pays scandinaves) et en Afrique. Dans nombre de populations d'Afrique de l'Ouest, notamment chez les Peuls du Mali, du Niger et ailleurs, l'instrument qui les accompagne est un luth à cordes pincées, *hoddu*, cependant que les Fang du Gabon et du Cameroun utilisent la harpe-cithare *mvet* qui donne son nom au genre épique, ce qui illustre bien l'importance de la conjonction parole-musique.

Les chantefables sont des récits mythiques, entrecoupés de couplets chantés par le conteur ; ces récits sont généralement complétés par un répons – un bref refrain – de l'assistance, qui fait office de chœur[15]. En Afrique, les chantefables sont, elles aussi, souvent accompagnées par un instrument mélodique (lamellophone, arc musical, harpe) joué par le conteur.

Nous tenons à remercier chaleureusement Nathalie Fernando et Frédéric Léotar pour le soutien et l'aide qu'ils ont apportés à la publication de ce livre.

---

15. Simha Arom, *Centrafrique : anthologie de la musique des Pygmées Aka* [1978; 1987], enregistrements, photos, texte de pochette, Paris, Ocora C 560171/72, 2 CD, 2002, CD 2, plages 5-6.

BIBLIOGRAPHIE

Repères musicologiques et ethnomusicologiques

AROM, Simha, *La boîte à outils d'un ethnomusicologue*, textes réunis et présentés par Nathalie Fernando, Montréal, Presses de l'Université de Montréal, 2007.

AROM, Simha et ALVAREZ-PÉREYRE, Frank, *Précis d'ethnomusicologie*, Paris, CNRS Éditions, 2007.

AROM, Simha et THOMAS, Jacqueline M. C., *Les mimbo, génies du piégeage et le monde surnaturel des Ngbaka-Ma'bo (République centrafricaine)*, Paris, SELAF, 1974.

COPLAN, David B., « Ethnomusicology and the Meaning of Tradition », dans Stephen Blum, Philip V. Bohlman et Daniel M. Neuman (dir.), *Ethnomusicology and Modern Music History*, Urbana, University of Illinois Press, 1993, p. 35-48.

GILMAN, Benjamin, « The Science of Exotic Music », *Science*, vol. 30, nº 772, 1909, p. 532-535.

GRYNSZPAN, Emmanuel, *Bruyante techno : réflexion sur le son de la free party*, Nantes, Mélanie Séteun, 1999.

HORNBOSTEL, Erich von, « Die Probleme der vergleichenden Musikwissenschaft », *Zeitschrift der internationalen Musikgesellschaft*, vol. 7, nº 3, 1905-1906, p. 85-97.

JOYNER, Charles W., « A Model for the Analysis of Folklore Performance in Historical Context », *The Journal of American Folklore*, vol. 88, nº 349, 1975, p. 254-265.

KEIL, Charles, *Urban Blues*, Chicago, The University of Chicago Press, 1966.

LECLAIR, Madeleine, *Les voix de la mémoire : le répertoire musical des initiées chez les Itcha du Bénin*, thèse de doctorat, Nanterre, Université de Paris X, 2004.

MARTIN, Denis-Constant, « "Auprès de ma blonde...", musique et identité », *Revue française de science politique*, vol. 62, nº 1, 2012, p. 21-44.

MOLINO, Jean et PEDLER, Emmanuel, « Préface », dans Max Weber, *Sociologie de la musique : les fondements rationnels et sociaux de la musique*, Paris, Métailié, 1998, p. 9-44.

NETTL, Bruno, « Musique urbaine », dans Jean-Jacques Nattiez (dir.), *Musiques : une encyclopédie pour le XXIe siècle*, vol. 3 : *Musiques et cultures*, Arles, Actes Sud / Paris, Cité de la musique, 2005, p. 593-611.

ROUGET, Gilbert, « L'efficacité musicale : musiquer pour survivre, le cas des Pygmées », *L'Homme*, n° 171-172, 2004, p. 27-52.

SCHAEFFER, Pierre, *Traité des objets musicaux*, Paris, Éditions du Seuil, 1966.

SCHAEFFNER, André, « Ethnologie musicale ou musicologie comparée? », dans Paul Collaer (dir.), *Les colloques de Wégimont I*, Bruxelles, Elsevier, 1956, p. 18-32.

SCHLANGER, Judith, « Tradition et nouveauté », dans Vincent Dehoux *et al.* (dir.), *Ndroje Balendro : musiques, terrains et disciplines. Textes offerts à Simha Arom*, Paris, SELAF, 1995, p. 179-185.

Repères anthropologiques

AMSELLE, Jean-Loup, *Logiques métisses, anthropologie de l'identité en Afrique et ailleurs*, Paris, Payot, 1990.

BALANDIER, Georges, *Sens et puissance : les dynamiques sociales*, Paris, Presses universitaires de France, 1971.

GEERTZ, Clifford, *The Interpretation of Cultures*, New York, Basic Books, 1973.

—, *Local Knowledge : Further Essays in Interpretive Anthropology*, New York, Basic Books, 1983.

GHASARIAN, Christian (dir.), *De l'ethnographie à l'anthropologie réflexive : nouveaux terrains, nouvelles pratiques, nouveaux enjeux*, Paris, Armand Colin, 2002.

CHAPITRE PREMIER

L'ETHNOMUSICOLOGIE AUJOURD'HUI

Aujourd'hui l'ethnomusicologie fournit un ensemble de cadres théoriques et méthodologiques permettant d'étudier une grande diversité de pratiques musicales, aussi bien du point de vue de leurs fonctions et significations sociales que des systèmes qui les régissent. L'accumulation des travaux de terrain offre une large palette de suggestions méthodologiques pour concevoir et conduire des enquêtes nouvelles en zone rurale de contrées dépourvues de ressources (dites « sous-développées ») aussi bien que dans les villes du « Sud » et du « Nord », pour étudier des musiques « amplifiées » enregistrées sur des supports variés (des disques de diverses matières aux fichiers informatiques), des musiques savantes de tous les continents conservées par notation écrite, aussi bien que des musiques acoustiques de transmission orale. L'ethnomusicologie, qui s'est d'abord consacrée à ces dernières, permet de porter sur les premières un regard neuf en envisageant toutes les modalités possibles de conservation et de diffusion, notamment tout ce qui combine le fixé sur un support matériel et/ou virtuel et l'oral, en insistant sur les libertés qu'interprètes et créateurs prennent toujours, quel que soit le genre dans lequel ils travaillent, avec les formes et les textes dont ils sont les dépositaires. L'ethnomusicologie ayant mis en évidence l'existence de règles implicites dans des musiques non fixées sur des supports matériels conduit ainsi à relativiser l'importance de la théorie et des normes dans celles qui sont consignées dans des recueils écrits. Elle incite à s'intéresser à la performance et aux conditions dans lesquelles elle se déploie, aux interactions qui se nouent entre les situations où la musique est produite et entendue et la matière musicale elle-même. Bref, l'ethnomusicologie se définit désormais comme une manière d'approcher les pratiques musicales - quelles qu'elles soient - et non plus comme une discipline consacrée à des genres particuliers de musique. Elle propose une « boîte à outils » pour répondre aux questions : qui fait quelle musique, avec qui, pour qui, pourquoi, où, quand et comment ?

LES TERRITOIRES DE L'ETHNOMUSICOLOGIE

Dans une telle perspective, le débat sur le primat qu'il conviendrait à accorder dans les études ethnomusicologiques à la « musique » ou à la « société » paraît complètement dépassé. Il était naguère coutume de s'interroger pour savoir si l'ethnomusicologie devait en priorité être ETHNO-musicologie ou ethno-MUSICOLOGIE. C'est-à-dire s'intéresser surtout aux caractéristiques systémiques intrinsèques des musiques étudiées ou à leur inscription dans les sociétés où elles sont pratiquées. Alan P. Merriam, dans son introduction à *The Anthropology of Music*, regrettait le nombre de travaux portant exclusivement sur la musique, « traitée comme un objet en lui-même, sans référence à la matrice culturelle dans laquelle elle est produite »[1] et considérait que l'ethnomusicologie doit être « l'étude de la musique dans la culture »[2]. En dépit des recommandations émises par Merriam lui-même[3], Jean-Jacques Nattiez constatait un peu plus tard :

> Il est évident que l'orientation anthropologique de l'ethnomusicologie a considérablement élargi le champ d'investigation de la discipline. On peut cependant se demander si les nombreuses études empiriques dérivées de cette tendance actuellement dominante ont réussi à prouver un conditionnement réel de la musique par son contexte. On a souvent tendance, semble-t-il, à se satisfaire de la description de cet environnement pour expliquer le phénomène musical. Actuellement, on fait surtout apparaître l'influence des déterminants culturels et sociaux sur les formes d'*exécution* de la musique, plutôt que sur son style et sa structure[4].

---

1. Alan P. Merriam, *The Anthropology of Music* [1964], Evanston, Northwestern University Press, 1980, p. VII-VIII.

2. Alan P. Merriam, « Ethnomusicology : Discussion and Definition of the Field », *Ethnomusicology*, vol. 4, n° 3,1960, p. 109.

3. Alan P. Merriam précisait en effet que « l'ethnomusicologie est constituée et par le musicologique et par l'ethnologique, et que le son musical est le résultat de processus comportementaux humains façonnés par les valeurs, les attitudes et les croyances des personnes qui composent une culture particulière. Le son musical ne peut être produit que par des personnes pour d'autres personnes et, bien que nous puissions conceptuellement séparer ces deux aspects [le musicologique et l'ethnologique], l'un demeure toujours incomplet sans l'autre » (*The Anthropology of Music*, p. 6).

4. Jean-Jacques Nattiez, « Ethnomusicologie », *Encyclopædia Universalis*, CD Rom, Paris, Encyclopædia Universalis, 2000. Souligné par l'auteur.

De ce débat, il ressort clairement que systématique musicale et anthropologie de la musique sont nécessairement complémentaires et que, si les compétences des ethnomusicologues, les types de musiques étudiées[5], invitent à privilégier en un temps donné de la recherche l'analyse intrinsèque de la matière musicale, ce n'est que pour mieux envisager ensuite les rapports entre les mécanismes découverts et l'univers social dans lequel ils se font entendre. C'est ce que suggère le modèle de la « cible » proposé par Simha Arom. Pour figurer le « fait musical total », on place au cœur de la cible, en ce qui marque le point de départ de l'investigation, la matière musicale et sa systématique. Dans un second cercle, on range tout ce qui concerne les outils matériels et conceptuels qui servent à penser et à faire la musique : types et organisation des instruments et des voix, ainsi que les terminologies spécifiques utilisées pour parler de la musique, le « métalangage indigène » ; dans le troisième cercle, on groupe ce qui a trait aux fonctions socioculturelles intégrant le corpus musical et les circonstances auxquelles ce corpus est associé. À partir de la matière musicale, on peut donc établir un système de correspondances qui indique clairement quelle pièce joue quel rôle à quel moment dans la vie sociale et permet d'aborder les entrelacs de renvois qui caractérisent la musique comme système symbolique. En fin de compte, Simha Arom et Frank Alvarez-Péreyre,

5. Il paraît, par exemple, indispensable de s'attacher à comprendre le fonctionnement de musiques qui n'ont pas encore été précisément décrites, qu'il s'agisse de musiques rurales de transmission orale tout juste rencontrées ou de « jeunes musiques » inventées en ville ou dans le « va-et-vient » entre les mondes urbains et les campagnes.

> récusant le clivage entre l'étude intrinsèque des matériaux musicaux et celle de leur dimension culturelle [...] prônent une ethnomusicologie qui s'investit dans une réflexion sur la manière dont systématique musicale et culture sont indissociables[6].

De la même manière, la controverse sur l'urgence qu'il y aurait à collecter et à analyser les musiques des « groupes ethniques encore protégés de la modernité »[7], sur la priorité que les ethnomusicologues devraient accorder à cette tâche, plutôt que de s'intéresser à la *world music* ou aux musiques « actuelles », paraît inutile. Gilbert Rouget, un des pionniers de l'ethnomusicologie africaniste française, affirmait en 1997 :

> Je préconise l'ethnomusicologie d'urgence pour ces musiques de tradition orale, nées dans des univers clos, produites par le corps, des moyens mécaniques simples – membranes, cordes... – où l'on peut encore espérer débusquer une logique, un système, ce qui est le but de l'ethnologie, de l'ethnomusicologie ou de l'ethnolinguistique. Les musiques produites par la technologie industrielle échappent à toute contrainte, et il n'est plus question de trouver un quelconque système[8].

On ne peut certes pas nier la nécessité, et l'intérêt, de continuer à collecter des musiques peu ou pas connues[9], de

6. Simha Arom et Frank Alvarez-Péreyre, *Précis d'ethnomusicologie*, Paris, CNRS Éditions, 2007, p. 9.

7. Gilbert Rouget, « Je préconise l'ethnomusicologie d'urgence pour ces musiques de tradition orale », *Le Monde*, 30 septembre 1997, p. 15.

8. *Ibid.*

9. En milieu rural, comme le *gwoka* guadeloupéen, encore peu étudié, ou en milieu urbain comme, par exemple, les musiques pratiquées par ceux qui durant l'apartheid étaient classés *coloured* au Cap (Afrique du

les enregistrer, de les analyser [10], mais cela n'interdit en rien de s'intéresser également à d'autres musiques utilisant, ou non, les ressources de la technologie moderne, mélangeant, plus ou moins intensément, plus ou moins délibérément, des influences et des sources d'inspirations diverses. L'utilisation de l'ethnomusicologie à l'étude des musiques cataloguées comme « amplifiées » ou « *world music*/musique du monde » a précisément permis de montrer qu'elles n'étaient dénuées ni de règles ni de système et que, si elles défrichaient des chemins de création nouveaux, elles les balisaient de normes – parfois implicites comme celles régissant certaines musiques « traditionnelles » – qui, comme dans toutes les pratiques musicales, étaient en même temps transmises et renouvelées. Par ailleurs, l'anthropologie et l'ethno-histoire confirmaient que les idées relatives aux « univers clos » et à l'« authenticité » n'avaient guère de sens, que toutes les entités humaines avaient toujours été en contact avec d'autres entités semblables, souvent proches mais aussi lointaines, et que l'« authenticité » était surtout un procédé discursif visant à légitimer une pratique, voire un projet politique, économique ou social, donc à parer le changement des atours d'une « tradition » prétendument enracinée dans le passé. Les recherches menées depuis quelques décennies sur les musiques rurales de transmission orale et les musiques urbaines et amplifiées, sur les musiques créoles des Antilles,

---

Sud), musiques qui, avant 1994, ont été pratiquement ignorées tant par les recherches que par les enregistrements.

10. Comme le font toujours bon nombre d'ethnomusicologues plus jeunes, entre autres : Julien André, Nathalie Fernando, Susanne Fürniss, Christine Guillebaud, Aurélie Helmlinger, Madeleine Leclair, Julien Mallet, Emmanuelle Olivier, Luciana Penna-Diaw, Olivier Tourny, Dana Rappoport, Hervé Roten ou Frédéric Voisin.

des Amériques et d'Afrique du Sud et les « musiques du monde », comme les colloques et les groupes de travail associant des ethnomusicologues, des anthropologues et des historiens[11] indiquent que c'est bien la combinaison des domaines de recherche et des méthodes qui peut aujourd'hui inspirer l'imagination ethnomusicologique et qu'il y a donc « urgence » à travailler de manière concomitante et conjointe sur les musiques dites « traditionnelles » et sur celles considérées comme « modernes » ou « jeunes ». C'est ainsi que la recherche ethnomusicologique peut demeurer fidèle à sa vocation, telle que la concevait Stephen Blum, en continuant à

> jeter un regard neuf sur la créativité et la résilience humaines, sur l'ampleur et la profondeur de nos capacités d'adaptation, et sur l'importance fondamentale des aptitudes musicales dans la manière qu'ont les êtres humains de répondre en s'adaptant aux situations auxquelles ils sont confrontés[12].

---

11. Parmi beaucoup d'autres réunions : *Faire de l'ethnomusicologie à la fin du XXe siècle*, journées d'étude de la Société française d'ethnomusicologie (Nouans le Fuzelier, 16-17 octobre 1998); *Musics of the world*, séminaire international d'étude (Istituto Interculturale di Studi Musicali Comparati, Venise, Fondazione Giorgio Cini, 25-27 janvier 2001); *Musiques migrantes*, ateliers d'ethnomusicologie (Genève, 22-23 novembre 2003); *Nouvelles musiques, nouvelles méthodes?*, journées d'étude de la Société française d'ethnomusicologie (Saumur, 15-17 juin 2007). Au nombre des groupes de travail, on peut citer : « Critical World », dirigé par Bob W. White à l'Université de Montréal; « Étude des critères du beau dans les musiques du monde », dirigé par Nathalie Fernando au Laboratoire de musicologie comparée et anthropologie de la musique (MCAM) de l'Université de Montréal; « GLOBAMUS (Création musicale, circulation et marché d'identités en contexte global) », projet ANR dirigé par Emmanuelle Olivier au Centre de Recherches sur les Arts et le Langage (CRAL) du CNRS-EHESS à Paris.

12. Stephen Blum, « Prologue : Ethnomusicologists and Modern Music History », p. 1.

Une recherche ethnomusicologique, et les publications qui en rendent compte, doit, par conséquent, être conçue comme une contribution à l'entreprise générale de compréhension de l'imbrication universelle du musical et du social. Cette entreprise ne peut être que collective et exige que soient menés conjointement ou successivement des travaux portant plutôt sur la matière musicale et d'autres traitant plutôt de l'organisation sociale de la musique. L'ethnomusicologie se positionne de ce fait comme un « formidable carrefour de disciplines »[13] où ce qui ressortit spécifiquement à la musicologie croise l'anthropologie, la sociologie, la sémiologie, l'histoire, l'économie, la linguistique, la botanique, la zoologie… Elle fournit le moyen de découvrir les sociétés humaines sous un jour nouveau, car

> les gens *pensent à travers la musique*; à travers elle, ils décident qui ils sont et l'expriment […]. La musique n'est pas quelque chose qui serait à part, elle est au cœur de tout. En fait, la musique est moins un « quelque chose » qu'une manière de connaître le monde, une manière d'être soi-même[14].

La musique, conçue comme un mode de connaissance, de pensée et d'existence, n'est donc pas le reflet ou l'émanation de groupes ou de cultures qui seraient déjà là, mais, dans le partage, la création et l'imagination, elle participe à leur construction et à leur fonctionnement. Le fait musical est, pour paraphraser Marcel Mauss, un fait social total, ou plutôt un fait socio-musical total, c'est-à-dire un complexe d'éléments audibles et de processus sociaux dont les

---

13. Nattiez, « Ethnomusicologie ».

14. Nicholas Cook, *A Very Short Introduction to Music*, Oxford, Oxford University Press, 1998, p. IX. Souligné par l'auteur.

composants sont indissociables les uns des autres. C'est donc au projet pleinement humaniste d'une musicologie générale que se rattache l'ethnomusicologie contemporaine, dans la diversité illimitée de ses intérêts, la riche multiplicité de ses méthodes et l'imagination théorique qui la caractérisent. Car

> la connaissance des musiques du monde conduit à une meilleure compréhension des savoirs et des mécanismes culturels et, par là même, à une appréciation renouvelée des liens qu'il convient d'établir entre la diversité des cultures et l'unité de l'homme[15].

L'INVENTION DU TERRAIN

L'ethnomusicologue, comme l'anthropologue, « invente » son terrain, au sens où il le découvre et, en quelque sorte, le crée du fait même de sa présence. Le terrain n'existe pas en dehors de l'enquête; celle-ci vise à comprendre un « réel de référence »[16] dans lequel l'enquêteur intervient temporairement. Le travail de terrain exige donc une épistémologie spécifique qui sert à l'observateur pour éviter de confondre la situation observée, caractérisée par sa présence, et le « réel de référence » qui vit sa vie propre en son absence. On peut penser qu'en ce qui concerne l'ethnomusicologie, la collecte des musiques ne modifie pas sensiblement leur pratique ordinaire. En réalité, même si elle n'affecte pas profondément les systèmes musicaux, elle peut avoir un

15. Arom et Alvarez-Péreyre, *Précis d'ethnomusicologie*, p. 9.

16. Jean-Pierre Olivier de Sardan, *La rigueur du qualitatif: les contraintes empiriques de l'interprétation socio-anthropologique*, Louvain-la-Neuve, Academia Bruylant, 2008, p. 9.

effet sur les attitudes concernant la musique. L'intérêt de l'étranger pour une musique particulière tend à conforter son importance dans la culture locale et peut, dans certains cas – musiques liées à des classes sociales ou à des communautés stigmatisées, à des sociétés colonisées et infériorisées –, lui apporter une légitimité qui lui est déniée. Le bagage de l'ethnomusicologue, qu'il s'agisse de compétence descriptive et analytique ou d'équipement technique, est immanquablement un objet d'intérêt de la part des « musiqueurs » avec qui il travaille; plus encore lorsque ceux-ci sont invités à participer activement à des expériences qui les conduisent, par exemple, à se prêter au jeu de l'enregistrement par canaux séparés ou à manipuler un synthétiseur. Si les musiques qu'ils pratiquent n'en sont pas nécessairement transformées, les manières qu'ils ont de penser leurs pratiques et la musique en général peuvent en être modifiées. Enfin, aujourd'hui dans pratiquement toutes les sociétés, savoir qu'une musique locale sera diffusée par l'enregistrement loin du lieu où elle résonne habituellement suscite une nouvelle conscience du monde et éveille parfois des aspirations, des espoirs d'enrichissement et de voyages. À tout le moins, cette conscience peut susciter des comportements qui font entendre à l'enquêteur étranger ce que les musiciens locaux imaginent qu'il souhaite recueillir. Ce type de production, étudié dans les peintures et sculptures rassemblées sous l'intitulé « art touristique », parsème certaines collections de « musiques d'ailleurs » confectionnées à partir d'enregistrements réalisés sans grande rigueur.

De tout cela, l'ethnomusicologue doit être conscient lorsqu'il enquête, et c'est pour cette raison que le terrain doit être conçu comme l'espace-temps du déploiement d'une

« stratégie scientifique »[17]. Celle-ci ne bride pas le jeu du hasard – les « accidents de terrain » productifs – et ne stérilise nullement l'imagination. Au contraire, la préparation d'une stratégie de terrain permet de tirer le meilleur profit de l'imprévu et n'a de sens que dans la mesure où elle fournit une base de réflexion qui doit être interrogée et revue au fur et à mesure de la progression de la recherche, sur le terrain et au retour du terrain. Car le terrain est

> d'abord une expérience. Une expérience double : des autres et de soi-même. C'est la création artificielle d'une situation sociale a priori temporaire, même si elle doit être de longue durée, où l'on fréquente des gens avec lesquels on n'a aucune relation préalable et qui n'ont pas demandé qu'on vienne s'intéresser à eux et encore moins qu'on s'installe à demeure[18].

Et c'est dans le cours de cette expérience, dans la succession des enquêtes sur le même terrain ou sur des terrains différents, à partir d'une « stratégie scientifique » reconsidérée en permanence que prennent forme les objets de l'ethnomusicologie : « C'est la manière d'envisager l'enquête qui construit l'objet et non l'inverse »[19].

LE CHOIX DU TERRAIN

On le comprend, le terme « terrain » désigne une notion extrêmement large et souple. Physiquement, il peut s'agir

17. *Ibid.*, p. 76.

18. Jean Copans, *L'enquête ethnologique de terrain*, Paris, Nathan, 2002, p. 13.

19. *Ibid.*, p. 20.

d'une aire géographique, linguistique ou dialectale ; d'un village particulier, d'une ville ou d'une banlieue ou encore d'une région rurale ; voire d'un festival, d'une salle de concert, d'un studio d'enregistrement ou d'un atelier de luthier. Les unes et les autres visités à un moment particulier, pour une durée limitée. De manière générale, le ou les lieux où l'on entreprend une enquête peuvent être décidés à partir d'informations obtenues préalablement, mais il arrive également qu'ils se présentent de manière fortuite.

La sélection du terrain peut découler de lectures sur telle ou telle société et sa musique, d'écoutes (sur disques, à la radio, à la télévision ou lors de conférences, de concerts), de recherches sur internet, mais aussi de témoignages (récits de personnes ayant séjourné sur le terrain en question, en ayant rapporté des enregistrements sonores ou vidéo) ou encore de suggestions (de collègues, d'un directeur de thèse, par exemple). La décision est alors prise selon l'intérêt que ces informations éveillent chez le chercheur en fonction de ses préoccupations scientifiques ; il entrevoit que l'étude de telle musique – de certains de ses aspects, de tel répertoire particulier, d'un instrument, d'un type d'ensemble vocal et / ou instrumental – ou bien que la possibilité d'analyser plus précisément des éléments du langage musical proprement dits (formes, procédés compositionnels, échelles, rythmes) enrichira sa compréhension des phénomènes musicaux et des sociétés dans lesquels ils prennent place et lui permettra d'affiner ou de repenser les cadres théoriques dans lesquels il travaille. Cependant il arrive parfois que les projets faits en vue du travail sur un terrain particulier ne puissent se réaliser ; il faut alors, sans renoncer à la stratégie de recherche établie, s'efforcer de trouver le moyen de collecter de la musique et des informations sur la musique en d'autres lieux, en d'autres occasions. Il faut savoir improviser, contourner les obstacles, s'adapter aux conditions et aux imprévus, ce qui revient souvent à travailler sur un terrain qui n'est pas celui qu'on avait choisi. Enfin, il arrive que le chercheur se trouve inopinément dans une situation où, sans avoir prévu de collecter ou d'enquêter, il juge nécessaire de le faire ; dans ce cas, l'expérience acquise, les enseignements et conseils des professeurs et des collègues doivent lui permettre d'opérer avec le maximum de rigueur en dépit du caractère improvisé de son travail.

Dans tous les cas, lorsque le temps imparti au séjour sur le terrain est très limité et qu'il lui est impossible de mener des enquêtes approfondies, il doit viser à réunir un corpus qui soit représentatif du patrimoine musical du milieu concerné. Cela consiste en premier lieu à obtenir un maximum d'informations sur l'éventail des musiques associées à celles des circonstances qui sont considérées comme les plus importantes au sein de la société, puis à enregistrer des pièces emblématiques et, enfin, à consigner les informations sur le matériel recueilli, ne serait-ce que de manière succincte, mais en ayant toujours le souci de noter soigneusement les termes qui s'y rapportent en langue vernaculaire. Procéder ainsi permettra d'approfondir son travail au cours d'une prochaine visite, mais aussi d'enrichir les connaissances de la communauté scientifique sur différents aspects de musiques encore peu connues ou qui ne sont pas inventoriées.

LE CHOIX, LA NÉCESSITÉ ET LE HASARD

L'aventure de l'enterrement somba (par Simha Arom)

Avant le départ

Pour des raisons de sécurité, les institutions universitaires et de recherche interdisent de se rendre dans certains pays – ou régions de ces pays. Par ailleurs, nombreux sont les pays, en Afrique notamment, qui exigent que tout chercheur souhaitant y travailler obtienne, *avant de s'y rendre*, auprès de leur représentation diplomatique dans le pays où il réside, une autorisation à cet effet. Le non-respect de cette consigne peut avoir pour conséquence, au pire, d'être refoulé à l'arrivée dans le pays concerné ; au mieux, de se faire interdire par les autorités locales tout travail de recherche sur son territoire. J'en ai fait l'amère expérience…

Sur le « terrain »

En 1973, je fus missionné par l'UNESCO pour me rendre au Burkina-Faso (alors Haute-Volta) afin d'y recueillir des musiques pour enrichir sa collection de disques. Avant de partir, je m'étais soigneusement documenté sur les ethnies de ce pays et leurs musiques et j'avais pris soin de louer un véhicule. Une fois arrivé à Ouagadougou, muni d'un ordre de mission en bonne et due forme et de tout mon équipement, je me vis signifier une interdiction de travail au motif que mon autorisation de recherche n'avait pas été déposée à temps. Je tentais bien quelques démarches, sans succès.

Regardant une carte du pays, je vis que pour parvenir à la frontière du Dahomey (l'actuel Bénin), il fallait traverser une grande réserve naturelle qui constituait une zone de chasse et de safari. J'avertis donc les autorités que j'allais mettre à profit ce séjour pour réaliser « le rêve de ma vie » – un safari photo. Cette proposition acceptée, je partis pour une réserve de chasse où je passai une nuit dans un *lodge*. Le lendemain, je franchis le poste-frontière – une guérite vide au bord d'une piste – et entrai sans autre difficulté au Dahomey. J'arrivai ainsi à la ville de Kouandé, dans le massif montagneux de l'Atakora. Je savais que dans cette région vivaient les Somba, réputés pour leur architecture, mais j'ignorais tout de leur musique, car aucune publication ne lui avait été consacrée. Il me fallait à nouveau prendre contact avec les autorités locales, mais sans révéler que j'étais un chercheur, faute de quoi j'aurais dû demander une autorisation de recherche, ce qui aurait pu prendre des semaines... Je me présentai donc au sous-préfet, lui expliquai que le safari photo et les musiques traditionnelles étaient mon violon d'Ingres. Aussi, je sollicitai son autorisation pour me rendre chez les Somba afin d'y enregistrer quelques-uns de leurs chants, ce qu'il m'accorda. Le hasard voulut que, pendant mon séjour chez ceux-ci, un notable – le forgeron, responsable de l'initiation des jeunes garçons – mourût. Or le décès d'une personnalité de ce rang donne lieu à des funérailles dont les rituels, jusqu'à l'inhumation, se poursuivent pendant près de 72 heures. Et c'est ainsi que, grâce à la bienveillance des Anciens, il m'a été donné – privilège rare – de pouvoir enregistrer *in extenso* les différentes phases d'un rituel funéraire fort complexe. Ayant demandé aux autorités traditionnelles du village quel présent je pouvais faire pour honorer le défunt, on me suggéra d'offrir le pagne pour l'ensevelir. C'est seulement des années plus tard que j'appris que c'était là le plus grand honneur que l'on puisse faire à quelqu'un... Une dizaine de jours plus tard, je me suis rendu chez deux autres ethnies résidant non loin de là, les Bariba[20] et un groupe de Peuls, puis pour finir ma mission, au Niger, chez d'autres Peuls, les Wodaabe. Lors de ce périple, il m'a donc fallu, afin de ne pas revenir les mains vides, changer de terrain au dernier moment et renoncer au collectage qui avait été initialement commandité[21].

Lorsqu'on se trouve ainsi dans l'impossibilité de réaliser le programme initialement prévu, plutôt que d'abandonner toute

20. Simha Arom, *Benin : Bariba and Somba Music*, enregistrements, photos, texte de pochette, Paris, Auvidis / UNESCO D 8057, 1994.

21. Simha Arom, *The Fulani* [1976], enregistrements, photos, texte de pochette, Paris, UNESCO, collection « Musics and Musicians of the World », Auvidis D 8006 AD 090, 1988.

idée de conduire une enquête – ce qui reviendrait à « gaspiller » des crédits de mission qu'il n'est pas toujours facile d'obtenir –, il convient de trouver des prétextes pour se rendre un peu plus loin que le terrain prévu, là où il devient possible de travailler. La collecte inopinée peut alors conduire à la découverte de nouvelles formes, de nouvelles circonstances de musique qui vont contribuer à stimuler l'imagination scientifique. Toutefois, quel que soit l'endroit où l'ethnomusicologue enquête, il vaut mieux, plutôt que de tenter de passer outre les interdictions, tant administratives que coutumières, s'efforcer d'amadouer les autorités, ou d'en trouver d'autres plus compréhensives.

De Kamulembe (Kenya) à Langon (Gironde, France), en passant par Nairobi (par Denis-Constant Martin)

Au début de 1980, je fus envoyé à Nairobi pour y créer un institut français, alors baptisé CREDU (Centre de recherches, d'études et de documentation universitaire), plus tard renommé IFRA (Institut français de recherches en Afrique), dont le but était de développer, dans le domaine des sciences sociales, les relations entre universités françaises et universités d'Afrique orientale. Je considérais la musique et la musicologie comme appartenant au domaine des sciences sociales et pensais que, en collaboration avec d'autres institutions, le CREDU pourrait aider à faire connaître non seulement les recherches sur la musique du Kenya, mais aussi des musiciens kényans. Peu après mon installation à Nairobi, j'eus l'occasion de rencontrer Frank Denyer, un compositeur et ethnomusicologue britannique qui travaillait à l'Institut d'études africaines de l'Université de Nairobi. Il s'intéressait plus spécialement à la musique luhya et connaissait plusieurs musiciens de cette région de l'ouest du Kenya. Rapidement, nous décidâmes d'organiser au Centre culturel français (aujourd'hui l'Alliance française) un concert avec deux de ces musiciens.

Le 13 juin 1980, le CREDU, avec le concours de l'Institut d'études africaines de l'Université de Nairobi et du Centre culturel français, proposa un « concert de musique Abaluyia, traditionnelle et moderne » avec Joshua Mwami et William Ingosi Mwoshi. Joshua Mwami, le barde des bidonvilles, chantait et jouait d'une lyre *litungu* à huit cordes. Ses chansons décrivaient, avec un humour extrêmement caustique, la vie du petit peuple de Nairobi. Il décéda malheureusement quelques années après ce concert. William Ingosi Mwoshi jouait d'une vièle monocorde, le *shiriri*, et chantait. Il ouvrit le concert avec l'air qui l'avait rendu célèbre : *Mwana wa Mbeli*, chanson qu'il avait interprétée devant le premier président du Kenya, Jomo Kenyatta, et où il exaltait l'indépendance du pays. Ce concert connut un certain succès. Jusqu'à la fin de mon séjour à Nairobi, en 1981, je restais en contact avec William Ingosi Mwoshi ; je le rencontrais de temps en temps à Nairobi et lui rendis visite chez lui, à Kamulembe, dans la province occidentale du Kenya. Puis, je le perdis complètement de vue jusqu'à ce que je revienne à Nairobi, en 2000, à l'occasion du 20e anniversaire du CREDU qui, entre-temps, était devenu l'IFRA. Ce séjour me permit de renouer des amitiés anciennes.

Un soir, je fus invité à une petite fête dans une banlieue de Nairobi. Pendant que la voiture où je me trouvais attendait que le gardien ouvre le portail de la propriété, j'entendis qu'on jouait de la musique dans le jardin ; une musique qui me parut familière et me fit immédiatement penser à William Ingosi Mwoshi. C'était effectivement lui qui avait été convié à animer cette réunion, accompagné de son fils Jackson Amusala Ingosi, alors âgé d'un peu moins de trente ans. Je ne restai cette fois-là que peu de temps à Nairobi, mais je m'arrangeai pour les voir à plusieurs reprises. Jackson m'emmena dans une échoppe où je pus acheter quelques-unes des cassettes que son père et lui avaient enregistrées. De retour en France, je les fis entendre à Patrick Lavaud, le directeur des « Nuits atypiques » de Langon. En dépit de leur médiocre qualité technique, ces cassettes éveillèrent son intérêt. Lavaud décida de rendre visite aux Ingosi pour entendre leur musique en direct ; le contact avec les Ingosi , la chaleur de leur accueil, la nouveauté, pour des oreilles françaises, de leur musique et la complémentarité des répertoires du père et du fils – le premier enraciné dans la vie de village et transmis oralement; le second très urbain et influencé par de nombreux courants kényans et internationaux – convainquirent Lavaud de les inviter à se produire lors du festival des « Nuits atypiques » de Langon en juillet 2003. En dépit des graves problèmes de santé que connaissait en cette période William Ingosi Mwoshi, leur concert fut très apprécié. De retour au Kenya, Jackson me tint régulièrement informé de l'évolution de la santé de son père. Il se rétablissait sans problème. Fin 2005, j'appris que j'étais de nouveau invité à Nairobi pour participer aux activités de l'IFRA. Je décidais donc qu'il était temps de réaliser des enregistrements qui, mieux que les cassettes disponibles au Kenya et même que le CD produit par les Musées du Kenya[22], rendraient justice au talent des Ingosi. La Société française d'ethnomusicologie me prêta un matériel d'enregistrement portable; le directeur de l'Alliance française, me donna l'autorisation d'utiliser son studio de répétition et, en deux après-midi, les 3 et 4 juillet 2006, nous enregistrâmes quelque 35 chansons, dont les 14 qui figurent sur l'album finalement publié[23]. On pourrait placer cette histoire sous la rubrique de l'« ethnomusicologie d'urgence » et, dans un sens, elle en fournit un exemple. William Ingosi Mwoshi est considéré au Kenya comme un « trésor national » (ce qui ne lui procure aucune ressource pour vivre mieux), la musique qu'il joue est représentative de pratiques encore vivantes dans les villages des régions de langue luhya de l'ouest du Kenya. William Ingosi Mwoshi l'a fait évoluer à partir des enseignements de son grand-père de manière à ce qu'elle puisse être appréciée par des Kényans des années 1960, ruraux migrant vers la capitale et faisant la navette entre la métropole et leur région d'origine. Or

---

22. *Sounds of Ishiriri*, 2003, très difficilement accessible, médiocrement enregistré et dépourvu de tout texte explicatif (World D 8006 AD 090).

23. Denis-Constant Martin, *Ingosi Stars, Langoni, musique luhya : du village à la ville*, enregistrements, texte de pochette, Langon, Daqui (332033), 2007.

cette musique n'avait jamais été dignement fixée ni présentée. Il fallait donc saisir l'occasion de le faire. Les quelques chants gravés sur le disque publié par Daqui en donnent une idée fidèle, même si elle demeure fragmentaire. Toutefois, loin d'illustrer la pérennité de formes enfermées dans un « univers clos », ils témoignent de l'évolution de répertoires qui se transforment avec ceux qui les portent et qui, dans ce mouvement, ensemencent un terrain urbain sur lequel éclosent d'autres musiques, ni tout à fait identiques, ni complètement différentes.

Quand le chercheur est originaire de son terrain

D'aucuns considèrent que, pour le chercheur, le fait d'être issu de la culture qu'il veut étudier constitue un avantage. La connaissance préalable de la langue, de l'organisation sociale, des codes de bienséance permet évidemment d'éviter de longues périodes d'apprentissage. Toutefois, le chercheur « indigène » doit, tout comme l'étranger, travailler à partir d'une stratégie scientifique et adopter une « posture critique » afin d'opérer la rupture épistémologique nécessaire à toute analyse : il doit, d'une certaine manière, « oublier » ce qu'il sait ou qu'il croit savoir pour se rendre disponible à l'insoupçonné et à l'imprévu, et rechercher ensuite dans ses connaissances initiales ce qui est susceptible de lui fournir des clefs analytiques. En outre, la notion d'« indigénité » doit être relativisée.

L'ethnomusicologue, quelle que soit son origine, a suivi des études longues, il a le plus souvent séjourné à l'étranger, il habite fréquemment à distance du lieu où il est né ; sa vision du monde n'est plus celle de l'enfant du village ou du quartier, et il n'y est plus perçu comme un habitant ordinaire[24]. Sa famille, ses anciens voisins, ceux qui parlent la même langue maternelle ont de lui certaines représentations (notamment en ce qui concerne ses revenus et son influence) qui sous-tendent des attentes fréquemment ambivalentes mêlant la fierté et la méfiance, le sentiment qu'il peut ou doit apporter quelque chose à ses proches et la crainte qu'il ne les traite avec condescendance. Ces ambivalences sont susceptibles de nourrir l'hostilité si, dans une société stratifiée, le chercheur demeure perçu comme appartenant à un groupe ou une caste particuliers (inférieurs ou supérieurs) et, plus encore, s'il fait montre de mépris à l'égard de ceux avec qui il travaille. Lorsque l'ethnomusicologue « indigène » veut enquêter dans un milieu où les règles anciennes ont toujours cours, où prévalent des hiérarchies « traditionnelles », il peut se trouver en fin de compte dans une position plus délicate que son collègue étranger. Dans bien des cas, notamment dans les sociétés d'Afrique subsaharienne, ceux qui détiennent le savoir sont réticents à livrer des informations à l'un des leurs qui a quitté « le village », voire qui n'y jamais vécu. Enquêter implique de poser des questions, ce qui dans nombre de cultures est considéré comme inconvenant, l'attitude décente consistant à attendre que les choses vous soient révélées. Ce que l'on pardonnera éventuellement – et jusqu'à un certain

---

24. Kwabena Nketia en témoigne : « Pour moi, la recherche ethnomusicologique était à la fois un moyen d'établir ou de renouveler ma connexion avec l'expérience africaine, et une discipline dont les méthodes et les techniques étaient susceptibles de promouvoir la collection, la documentation, la préservation, la promotion et la dissémination de la musique en tant qu'héritage culturel. » (*Ethnomusicology and African Music : Collected Papers*, vol. 1 : *Modes of Inquiry and Interpretation*, Accra, Afram Publications, 2005, p. 8).

point seulement, en fonction des conditions de l'échange mis en place entre enquêteur et enquêtés – à l'étranger dont les impairs, voire l'inconvenance seront mis au compte de sa méconnaissance de la culture locale, sera tenu à grief pour l'« enfant du pays ».

En revanche, l'ethnologue qui enquête dans la société où il est né peut y déceler des pratiques et des rôles sociaux que l'étranger risque de négliger. Manga Bekombo Priso a, par exemple, montré que les ethnologues européens masculins ont singulièrement sous-estimé la place des femmes dans les réseaux d'alliance dwala du Cameroun. Enfin, le sentiment de responsabilité de l'ethnomusicologue quant à la société dans laquelle il enquête, peut n'être pas exactement le même que celui d'un étranger. Finalement, que l'ethnomusicologue soit « natif » ou étranger, les conditions d'une enquête réussie demeurent : la stratégie scientifique, la capacité à opérer la rupture épistémologique et l'aptitude à établir des relations d'échange fructueuses et mutuellement bénéfiques avec les personnes chez qui il travaille.

Du panorama musical à une problématique plus spécifique

Lorsqu'on entreprend une mission sur un terrain « vierge », où aucun enregistrement n'a été réalisé, où aucune information sur la musique n'a été recueillie, il est bon, dans un premier temps, de brosser une sorte de panorama, c'est-à-dire un premier inventaire des ressources musicales qui, à ce stade, ne pourra être exhaustif. Il convient de relever toutes les occasions qui sont accompagnées de musique :

quels sont les noms des circonstances et des répertoires, quels sont les titres ou *incipits* des principaux chants qui constituent chacun de ces répertoires, quels types de formations vocales et instrumentales leur sont associés et, le cas échéant, quels sont les noms des instruments qui y sont intégrés, qui est habilité à y prendre part (musiciens professionnels ou non, hommes et / ou femmes, enfants ou personnes relevant d'un statut particulier), sans omettre de consigner, dans chaque cas, les dénominations vernaculaires de tous ces éléments. Il s'agit d'obtenir une vue d'ensemble du patrimoine musical et de poser les bases d'une catégorisation, fondée sur les conceptions locales.

À partir des informations ainsi recueillies, on pourra, à un stade ultérieur, développer une problématique plus spécifique portant sur un rituel, un répertoire, un instrument particulier. En effet, dans de nombreuses cultures, certains répertoires sont l'affaire de tous, alors que d'autres reviennent exclusivement aux hommes, aux femmes, aux enfants ou encore, selon les types d'organisation sociale, à des familles de musiciens professionnels, comme les *djeliw* (griots[25]), ou de

25. Le terme « griot » est à manier avec beaucoup de précautions ; son étymologie est incertaine, mais il désigne, dans les langues du groupe mande, les personnes que on nomme *djeli* (pluriel *djeliw*, féminin *djelimusow*) ou *jali*, d'un mot connotant le sang. Les *djeliw* sont donc des musiciens professionnels de l'aire mande, appartenant à des réseaux endogames (plus qu'à des castes étanches) dont les fonctions sociales et politiques sont importantes. Chanteurs de louanges aux puissants, dépositaires des lignées dynastiques et détenteurs des grands récits de littérature orale, ils sont à la fois serviteurs et dotés d'importants pouvoirs d'influence et de manipulation. L'emploi du terme griot pour des musiciens autres que les *djeliw* de l'aire mande est le plus souvent impropre. Voir Eric Charry, *Mande Music : Traditional and Modern Music of the Maninka and Mandinka of Western Africa*, Chicago, University of Chicago Press, 2000 ; Thomas A.

spécialistes comme les *bebôm-mvet* (frappeurs de cithare)[26]. À cela s'ajoutent, notamment en Afrique subsaharienne, des répertoires spécifiques aux différentes classes d'âge, à des confréries (professionnelles ou religieuses) et à des sociétés initiatiques et / ou secrètes. Enfin, la recherche peut aussi être focalisée sur un aspect musical plus technique, comme la forme des œuvres, les échelles qui y ont cours, ainsi que les principes métriques, rythmiques ou polyrythmiques qu'elles mettent en œuvre.

Interdisciplinarité

Dans la perspective d'une ethnomusicologie conçue comme « carrefour de disciplines », la situation optimale d'enquête est de caractère interdisciplinaire. En d'autres termes, dans le meilleur des cas, la recherche de terrain doit être conduite conjointement par l'ethnomusicologue et des collègues appartenant à des disciplines connexes : en l'occurrence, ethnologie, ethnolinguistique, ethnozoologie et ethnobotanique. L'ethnologue travaillera sur ce qui a trait à l'organisation sociale et au domaine symbolique, notamment à ses aspects ésotériques. L'ethnolinguiste pourra valider ou infirmer la notation des termes vernaculaires, leur traduction littérale et rechercher leur étymologie ; il pourra également

Hale, « From the Griot of Roots to the Roots of Griot : A New Look at the Origins of a Controversial African Term for Bard », *Oral Tradition*, vol. 12, nº 2, 1997, p. 249-278.

26. Le *mbôm-mvet* (pluriel *bebôm-mvet*) est un musicien qui touche le *mvet*, cithare sur bâton, pour accompagner de longs récits épiques dans l'aire dite « pahouin » (langues fang, boulou, beti) qui couvre des parties du Cameroun, du Gabon et de la Guinée équatoriale. Voir Martin Samuel Eno-Belinga, *Littérature et musique populaires en Afrique noire*, Paris, Cujas, 1965.

effectuer la transcription et la traduction des paroles – qu'il s'agisse de chants, de formules rythmiquement déclamées, de chantefables ou de mythes relatifs à la pratique musicale – et éclairer leur signification ; ainsi, les documents collectés seront proprement identifiés et décrits, tant sous leur aspect musical que linguistique. L'ethnozoologue et l'ethnobotaniste pourront identifier (et fournir les noms latins utilisés pour les désigner dans les classifications universelles) les animaux, les arbres, les plantes, les fleurs qui apparaissent dans les paroles des chants et dans les mythes associés à la musique, ou qui sont utilisés dans les rituels auxquels elle participe ; leur apport permettra de mieux comprendre les chaînes de significations symboliques qui relient la matière musicale à la conception de l'organisation sociale.

Le travail en équipe pluridisciplinaire sur une thématique partagée présente de nombreux avantages : le fait qu'un même objet de recherche soit envisagé sous différents angles conduit non seulement à échanger des informations, mais surtout à engager un dialogue critique qui favorise l'émission de nouvelles hypothèses et permet de tester les cadres théoriques, de valider ou d'infirmer les postulats de départ, dialogue dont chacun, dans son domaine, tire bénéfice. La pratique du travail en équipe interdisciplinaire représente l'idéal de la recherche – que les circonstances et les financements ne permettent malheureusement pas toujours de réaliser – car elle aboutit à une construction du savoir à la fois plus diverse et plus solide que celle à laquelle peut prétendre un chercheur isolé. Toutefois, lorsque cet idéal n'est pas atteignable, l'ethnomusicologue ne doit pas renoncer au travail solitaire.

Comparaisons

Le travail de terrain aboutit nécessairement à une étude de cas. Mais ce qui peut sembler être limité à la collecte de matériaux dans des lieux et des circonstances particulières, puis à leur analyse singulière fournit en réalité la substance à partir de laquelle se déploie la comparaison. On peut envisager des comparaisons internes à une société, un groupe social ou un lieu ; ou bien des comparaisons transversales s'intéressant à des répertoires pour des occasions semblables dans divers environnements. Pour des raisons de faisabilité cependant, la comparaison s'attache le plus souvent à certains répertoires, formes ou fonctions seulement. L'approche comparative est indispensable pour établir des typologies qui mettent en lumière les similarités et les différences existant entre musiques, notamment en ce qui concerne les échelles, les rythmes ou les systèmes musicaux dans leur ensemble. Elle peut aussi traiter des rapports existant entre les formes musicales et les conditions dans lesquelles ces formes sont utilisées, et tenter de vérifier si ces rapports sont propres à une société ou se retrouvent dans un certain nombre d'entre elles. À partir de la comparaison, on peut tenter, mais avec précaution, de reconstituer des relations, des contacts et des échanges qui ont pu avoir lieu entre différents peuples ; de manière plus prudente et moins ambitieuse, la mise en évidence d'absence de relation ou de filiation entre des systèmes musicaux utilisés en différents lieux, sur la base d'une comparaison rigoureuse, est déjà extrêmement utile et conduit à invalider des amalgames trop rapidement établis.

La tentative comparative la plus ambitieuse fut probablement celle que mirent en œuvre Alan Lomax et ses collaborateurs dans le cadre du projet *Cantometrics*. Il s'agissait d'établir des corrélations entre styles de performance vocaux et organisation sociale sur la base d'un vaste échantillon d'enregistrements réalisés à travers le monde. Ces échantillons, représentatifs de 233 « cultures musicales », elles-mêmes regroupées en 56 « aires culturelles », étaient caractérisés par des paramètres (par exemple la « tension vocale » ou encore le type de formation vocale, avec ou sans chef) pour être mis en parallèle avec les traits jugés caractéristiques de différentes cultures, dans le but d'établir des correspondances (par exemple, entre « tension vocale » et restrictions aux pratiques sexuelles, en particulier des femmes, ou entre organisation des performances vocales et organisation sociale, le caractère acéphale des unes correspondant à l'égalitarisme de l'autre). Les résultats obtenus par Lomax et ses collaborateurs ont fait l'objet de nombreuses critiques portant, notamment, sur le flou de bien des définitions employées (à commencer par « culture »), le peu de solidité des paramètres sélectionnés, la constitution de l'échantillon, le tout aboutissant à des analyses dont la subjectivité était à peine masquée par l'apparente rigueur des statistiques. En outre, dans le cadre d'une mise en corrélation de la musique avec des organisations sociales, on peut s'interroger sur la sélection des seuls styles de performance vocale, en l'absence de toute analyse structurelle des pièces interprétées.

Aujourd'hui, le jugement porté sur les *Cantometrics* est, dans l'ensemble, équilibré : tout en relevant les faiblesses de la méthode, Nattiez entend rendre hommage à l'importance du travail de Lomax qui

> aborde ensemble plusieurs problèmes fondamentaux de l'ethnomusicologie : la comparaison entre les cultures musicales, l'analyse descriptive des styles et la recherche des liens entre culture et productions musicales[27].

Peut-être, alors, doit-on accepter la recommandation de Victor Grauer, qui mit au point avec Alan Lomax le système de codage employé pour les *Cantometrics* :

> Je conçois – et cela représente une différence d'opinion avec Alan Lomax – les *Cantometrics* comme étant avant tout une méthode heuristique dont les résultats doivent toujours être considérés comme provisoires[28].

Dans cette perspective, il faut bien en revenir au terrain pour vérifier en chaque cas la validité des conclusions tirées de l'examen des échantillons, de leur codage et de leur traitement statistique.

Susanne Fürniss et Emmanuelle Olivier fournissent un exemple convaincant de la manière dont la confrontation des investigations de terrain permet une comparaison mettant en lumière des différences significatives entre deux univers musicaux que beaucoup pensaient auparavant proches l'un de l'autre : les Pygmées (Aka de Centrafrique) et les Bushmen (Ju|'hoansi de Namibie). Utilisant, chacune de son côté, les méthodes mises au point par Arom, rassemblant les données collectées sous la forme graphique de cercles concentriques découpés en segments partant de la matière musicale, elles ont mis en parallèle la métrique, le rythme, les techniques

27. Jean-Jacques Nattiez, *Music and Discourse : Toward a Semiology of Music*, Princeton, Princeton University Press, 1990, p. 178.

28. Victor Grauer et Fred McCormick, « Cantometrics, Song and Social Culture, a Response », *Musical Traditions*, http://www.mustrad.org.uk/articles/cantome2.htm ; consulté le 17 mars 2014.

plurivocales, les références à un schéma mental, les procédés de variation, les échelles et les intervalles mélodiques. Les auteures ont ainsi pu démontrer que « [l]'organisation de la musique dans son contexte culturel est sensiblement différente chez les Aka et chez les Ju|'hoansi »[29]. Ce qui les sépare relève essentiellement de la conception de la plurivocalité. Les résultats de la comparaison vont toutefois au-delà de ce simple constat pour analyser les modes de penser la musique et suggérer la possibilité de nouvelles comparaisons :

> Ainsi musiques aka et ju|'hoansi illustrent de façon éloquente deux cheminements différents aboutissant à un résultat analogue, tant sous l'angle de la complexité que sous celui de la perception : dans le cas Aka, le contrepoint est le point de départ, alors que chez les Ju|'hoansi, il en est l'aboutissement[30].

Contacts de culture

La profondeur historique d'un objet ou d'un phénomène ne peut être établie que par la comparaison de deux états de celui-ci à des époques différentes. En ethnomusicologie, par suite de l'absence d'enregistrements sonores anciens, l'investigation peut seulement porter sur ce que le chercheur trouve, *hic et nunc*, sur son terrain. Sa perspective est donc le plus souvent synchronique, puisqu'il existe peu de cas

29. Susanne Fürniss et Emmanuelle Olivier, « Systématique musicale pygmée et bochiman : deux conceptions africaines du contrepoint », *Musurgia*, vol. 4, n° 3, 1997, p. 9-30, ici p. 27.

30. *Ibid.*, p. 28.

dans lesquels on puisse confronter l'état antérieur d'une musique – qu'il s'agisse d'un vaste corpus, d'un répertoire ou d'une pièce isolée – à son état actuel. Même lorsque cela s'avère possible, la comparaison ne peut se déployer que dans une période bornée par le moment où ont été inventées des techniques d'enregistrement du son ; elle ne couvre guère plus d'un siècle. Moins encore, si l'on considère que les premiers enregistrements sont d'une très mauvaise qualité sonore ne permettant qu'une écoute extrêmement superficielle des musiques recueillies.

Des répertoires particuliers ou des inclusions d'éléments de provenance extérieure, que l'utilisation de langues différentes de celle des membres de la société étudiée permet de repérer, peuvent signaler l'existence de contacts plus ou moins anciens qui auraient pu influencer les pratiques musicales. Les Bariba du Bénin et les Gabra du Kenya en fournissent deux illustrations.

Bariba et langue des aborigènes

Chez les Bariba, établis au nord du Bénin, a lieu dans la matinée de chaque vendredi une cérémonie pour célébrer le prince de la chefferie de Kouandé, la plus prestigieuse des « cours » bariba. Il s'agit d'un rituel de soumission, suivi de la généalogie du prince et de l'évocation des lieux où sont morts ses ancêtres. Cette cérémonie se tient à la résidence du *Bangana*, « le buffle » (titre porté par les princes de Kouandé), en sa présence, celle de ses épouses, de sa famille et des dignitaires de sa cour. Les acteurs en sont des griots de différentes catégories qui chantent et utilisent divers types d'instruments de musique (trompes télescopiques, tambours et une vièle monocorde). La partie centrale de la cérémonie comprend essentiellement des louanges, exécutées successivement par quatre chanteurs, dont la plupart sont en langue bariba. À certains moments, intervient un griot *gesere* (d'origine probablement soninké) qui psalmodie un long texte dans une langue considérée comme archaïque et que presque personne dans la région ne comprend plus, cependant qu'un autre griot le traduit verset par verset en bariba.

Les chansons rendille des Gabra

Naguère les jeunes hommes de Kalacha, en pays gabra, près du désert de Chalbi, au nord-ouest de Marsabit (Kenya), avaient coutume de se réunir lors des soirées de pleine lune pour chanter et danser. Durant ces sortes de « surprises-parties », les voix étaient seulement accompagnées du frappement des pieds sur des peaux séchés posées à même le sol. Les chansons, pour la plupart en langue gabra, évoquaient la vie des pasteurs nomadisant, mentionnaient les lieux qui balisaient leurs circuits et où ils avaient noué des alliances susceptibles de leur fournir assistance en cas de difficulté, toujours possible dans ce milieu aride ; elles vantaient aussi la beauté des femmes, en utilisant fréquemment des métaphores renvoyant à ce qu'il y a de plus précieux dans cette société, le dromadaire. Parmi ces chansons, un répertoire particulier était dénommé « chansons rendille ». Il avait été emprunté à un autre groupe, les Rendille, vivant plus au Sud, à proximité du désert de Kaisut et témoignait des contacts et, probablement, des liens de solidarité noués entre ces deux populations d'éleveurs semi-nomades parlant des langues couchitiques (bien que les Rendille tendent aujourd'hui à adopter le samburu de leurs alliés privilégiés, langue qui appartient, elle, à la famille nilotique).

Profondeur historique

Généralement parlant, l'intérêt d'une démarche diachronique est double : de manière ponctuelle, elle permet de vérifier si – et, le cas échéant, dans quelle mesure – des musiques pratiquées naguère ont subi des modifications. Celles-ci sont susceptibles d'intervenir aussi bien dans les circonstances auxquelles les musiques sont associées, leur structure formelle, les procédés compositionnels mis en œuvre (monodie ou polyphonie, par exemple), les paroles qu'elles véhiculent, les effectifs (types d'ensembles vocaux ou instrumentaux) et les modalités de leur exécution (solo, chœur, solo et chœur, alternance de deux chœurs). Sur un plan plus global, la confrontation, dans un même contexte socioculturel, de musiques ayant survécu à d'autres qui ont disparu, ou sont en voie d'extinction, devrait permettre de déterminer quels types de musique – indépendamment de leur origine culturelle – sont plus aptes à perdurer que d'autres et, éventuellement, à cerner les raisons de leur « résistance ».

On évoquera ici deux cas de figure, provenant de traditions fort différentes; l'un concerne les Yoruba, établis au Bénin, l'autre la communauté juive de l'île de Djerba en Tunisie; auxquels on ajoutera deux exemples, sensiblement différents, portant sur des musiques créoles des Antilles et d'Amérique du Sud.

Yoruba de Pira

En 1958, au cours d'une mission au Bénin, Rouget effectua un séjour au village de Pira, chez les Itcha, sous-groupe yoruba établi dans une zone frontalière qui sépare le Bénin et le Togo. Il y enregistra sept répertoires musicaux différents. Une quarantaine d'années plus tard, entre 1996 et 1999, une jeune ethnomusicologue, Madeleine Leclair, se rendit sur ses traces, dans ce même village. Son objectif était de décrire le répertoire musical des femmes adeptes du culte de *Buku Atchoko*, la divinité protectrice de ce village. Or, sur les 80 chants de ce répertoire qu'elle recueillit, vingt avaient déjà été enregistrés par Rouget en 1958. La comparaison de ces deux séries d'enregistrements lui a permis d'établir que, par-delà un laps de temps correspondant au passage de deux générations,

> le répertoire des chants des adeptes initiées au culte de *Buku Atchoko* semble avoir été fidèlement transmis sans que son contenu musical [...] ne soit altéré, [et que] les paroles chantées ainsi que l'ensemble des procédés polyphoniques mis en œuvre par les chanteuses [sont demeurés] strictement les mêmes [31].

Alors que sur sept répertoires différents recueillis par Rouget à Pira, six sont aujourd'hui en voie d'extinction, seul celui qui est associé au culte de *Buku Atchoko* s'est maintenu. Leclair attribue cette pérennité au fait qu'il est partie intégrante d'une pratique religieuse qui demeure très vivace;

31. Madeleine Leclair, *Les voix de la mémoire : le répertoire musical des initiées chez les Itcha du Bénin*, thèse de doctorat, Nanterre, Université de Paris X, 2004, p. 93.

pour l'ethnomusicologue, le fait que les paroles des chants sont elles aussi invariables

> laisse penser que ce répertoire est en soi le symbole d'un flux continuel, la garantie d'une vraie fidélité à un culte. C'est dans ce contexte que les initiées expriment leur motivation à rechanter exactement et scrupuleusement les mêmes pièces : il semble en effet qu'elles s'efforcent avant tout d'accomplir de leur mieux ce que les aînés leur enjoignent de faire. [...] Ces chants reposent peut-être avant tout sur l'idée de transmettre la parole des aînés, parole provenant originellement des ancêtres[32].

La musique liturgique des Juifs de l'île de Djerba (Tunisie)

La communauté juive de Djerba (Tunisie), considérée comme l'une des plus anciennes de la Diaspora, a jalousement gardé ses traditions religieuses. Dès 1929, l'ethnomusicologue Robert Lachmann s'est rendu dans cette île et a pu y enregistrer, sur cylindres, de nombreux chants liturgiques (prières) et paraliturgiques, qu'il a transcrits et publiés ultérieurement[33].

Les liturgies juives présentent la particularité de prendre appui sur des paroles écrites qui n'admettent aucun changement, alors que leur musique relève de l'oralité : même si le texte des chants est immuable, la transmission orale est susceptible d'entraîner des modifications dans la musique. Ce type de situation, plutôt rare, favorisait une étude comparative

32. Madeleine Leclair, *Bénin, musiques yoruba : les voix de la mémoire*, enregistrements, photos, texte de pochette, Paris, Ocora (2 CDs, 650237), 2011.

33. Voir Robert Lachmann, *Gesänge der Juden auf der Insel Djerba*, Jerusalem, The Hebrew University / The Magnes Press, 1978.

de type synchro-diachronique, pour évaluer les changements apparus sur une période relativement longue. Pour mener à bien une telle étude, Israël Adler, Simha Arom et Hervé Roten se sont rendus dans les mêmes lieux en 1994 afin de réenregistrer, soixante-cinq ans après Robert Lachmann, le même corpus en prenant soin de recueillir chaque pièce en plusieurs versions. La confrontation des enregistrements de 1994 avec ceux de 1929 visait à constater si, et dans quelle mesure, ces musiques avaient connu des changements : il s'agissait d'évaluer l'écart entre diverses réalisations *synchroniques* d'une même pièce, mais aussi de déterminer si la marge de réalisation entre une pièce enregistrée au début du XXe siècle et l'une de ses versions plus récentes, différait de l'écart existant entre les diverses versions de la même pièce enregistrées aujourd'hui. L'examen des transcriptions des pièces recueillies en 1994 confirme que les musiques liturgiques et paraliturgiques collectées en 1929 n'ont pas subi de modifications significatives.

Brésil et Haïti

L'existence d'enregistrements relativement anciens de musiques populaires que l'on peut qualifier de « créoles », au sens où elles témoignent de créations issues des rencontres et mélanges qui se sont produits durant les périodes de l'esclavage et de la colonisation, offre également des matériaux pour des comparaisons diachroniques utiles à la compréhension des processus de changement à l'œuvre au sein de sociétés qui se sont organisées depuis plusieurs siècles à partir de l'entrecroisement et de la fusion d'êtres humains d'origines différentes. Les publications discographiques récentes en fournissent deux exemples, venus de pays où la musique vit, se transmet et se recrée dans une oralité qui, comme dans la plupart des régions du monde, n'est plus isolée d'autres moyens de communication diffusant des enregistrements. En 1936, Lomax, missionné par la Bibliothèque du Congrès de Washington, se rendit en Haïti pour y collecter un large échantillon représentatif des musiques du pays à l'aide d'un matériel jugé à l'époque (trans)portable[34]. Il en rapporta 50 heures d'enregistrements audio, auxquels s'ajoutèrent 8 petits films muets, mais dont les images fournissent de nombreuses informations sur les techniques de jeu et les pas de danse associés aux musiques recueillies. Lomax couvrit une grande partie des genres pratiqués en Haïti au moment de son séjour : airs de divertissement ruraux, compositions de *mizik savant* à partir de mélodies populaires, musiques pour les cérémonies vaudoues. Ces enregistrements mettent en évidence à la fois les spécificités des musiques haïtiennes, les inter-fécondations entre répertoires différents (airs de carnaval, chansons, pièces à danser, musiques vaudoues) et les influences extérieures (des États-Unis, de Saint-Domingue et des autres îles caribéennes) qui les ont enrichies.

Au Brésil, en 1938, Mário de Andrade, alors responsable du Département de la culture de la ville de São Paulo, envoya une Mission de recherche folklorique dans le Nord-Est, à l'intérieur du Pernambouco et du Paraíba. Elle en rapporta 33 heures d'enregistrements audio, des films, des photographies, des artefacts qui se trouvent aujourd'hui

34. Un tourne-disque-enregistreur-lecteur pouvant graver et lire des disques en aluminium de 25 ou 30 cm de diamètre, un amplificateur à lampes, un microphone RCA Velocity et des accumulateurs, le tout évidemment fort pesant.

dans les archives phonographiques Oneyda Alvarenga du Centre culturel de São Paulo. Les enregistrements haïtiens de Lomax, longtemps oubliés ont été récemment réédités par les soins de Gage Averill, accompagnés de notices descriptives très détaillées et du fac-similé de son journal de terrain[35]. Un travail de comparaison systématique avec des enregistrements plus récents n'a pas été entrepris. Toutefois, la mise à disposition des captations de Lomax fournit un matériel historique qui atteste de la richesse des musiques haïtiennes il y a plus de soixante-dix années et devrait inspirer un projet visant à établir quels répertoires existent toujours, ou non, et, quand ils ont survécu, si leurs formes ont changé ou non, et si les circonstances dans lesquelles ils sont utilisés sont restées les mêmes. Au Brésil, en revanche, une équipe de recherche coordonnée par Carlos Sandroni, de l'Université fédérale du Pernambouco, repartit en 2003-2004 sur les traces de la Mission de 1938. Elle ne chercha pas exclusivement à retrouver les pièces que cette dernière avait collectées, mais nota précisément les correspondances qui, dans certains cas, existaient entre les enregistrements de 1938 et ceux de 2003-2004. En plusieurs occasions, elle rencontra même des chanteurs dont la voix avait été gravée en 1938. Ici encore, aucune comparaison systématique n'a pour le moment été entreprise, mais, comme le signalent Carlos Sandroni, Maria Ignez Novais Ayala et Marcos Ayala,

> la comparaison entre les deux « portraits » pourrait fournir des pistes de réflexion sur les transformations culturelles qui

35. Gage Averill, *Alan Lomax in Haiti, 1936-1937*, San Francisco, Harte Recordings, 2009 (HR 103).

> se sont produites dans le Nord-Est au cours des dernières décennies [36].

D'autant plus que les archives de la Mission de 1938 sont accessibles à São Paulo et que les résultats de la recherche de 2003-2004 ont été déposés auprès des universités du Pernambouco et du Paraíba et devraient l'être également au Centre culturel de São Paulo. D'ores et déjà, les disques publiés [37], qui ne contiennent qu'une partie des enregistrements réalisés, permettent d'esquisser des orientations de recherche.

Continuité et changement

Bruno Nettl faisait le constat suivant :

> Une musique peut résister au changement si elle est associée surtout ou exclusivement à un domaine particulier de la culture qui change moins facilement que la plupart des activités. La religion en constitue l'exemple le plus évident, et la musique religieuse semble, dans de nombreuses sociétés, changer moins facilement que la musique profane [38].

En d'autres termes, lorsque les fonctions et circonstances auxquelles une pratique musicale est associée sont pérennes, la musique perdure. Plus nombreuses sont les contraintes

---

36. Carlos Sandroni, *Responde a Roda : Outra Vez*, Recife (PE), Associação Respeita Januário (2 CDs sans numéro), 2004, notes du livret.

37. Sélection des collectages de 1938, voir : Missão, *The Discoteca Collection : Missão de Pesquisas Folclóricas*, New York, Rykodisc (B0000009RA), 1997; des enregistrements de 2003-2004, voir : Sandroni, *Responde a Roda : Outra Vez.*

38. Bruno Nettl, *The Study of Ethnomusicology : Thirty One Issues and Concepts*, Urbana, University of Illinois Press, 1983, p. 178.

d'ordre culturel, moindres sont les changements. À l'inverse, on peut penser que les musiques les moins fortement liées à des cérémonies, notamment religieuses, sont les plus susceptibles de changer ou de disparaître. Les processus de transformation musicale dans des sociétés de l'oralité ou du mixte fixé-oral sont aujourd'hui un champ d'investigation particulièrement intéressant, défrichable à partir de plusieurs décennies d'enregistrements et de notes de terrain. Ils ne peuvent être pris comme « modèles » de modifications qui se seraient produites avant l'ère de l'enregistrement, mais, dans une perspective comparatiste, invitent à une réflexion générale sur les mécanismes du changement musical. Enfin, il convient de noter que la préservation des répertoires et des formes musicales fournit un stock dans lequel peuvent puiser des musiciens non liés par des règles religieuses ou ésotériques afin de donner à leurs créations des connotations qui combinent le sacré et l'ancien pour mieux nourrir la modernité. Dans les villes africaines, dans les Antilles, au Brésil, chez les Afro-Américains des États-Unis ou les rockers aborigènes australiens, des éléments de chants sacrés ont été ainsi réutilisés pour servir de ferment symbolique à des innovations.

Lorsque des musiciens connus pour avoir joué un rôle déterminant dans des changements survenus il y a déjà plusieurs décennies sont toujours vivants, il est possible de recourir à une forme d'expérience qui vise à les faire rejouer « comme avant », c'est-à-dire dans le style qu'ils pratiquaient avant que leurs innovations ne deviennent la norme. C'est une expérience de ce type qu'a pu réaliser Simha Arom avec le musicien grec Vassilis Tsitsanis.

Tsitsanis
(par Simha Arom)

À la fin de l'année 1979, Tatiana Yannopoulos, une amie grecque possédant une vaste et fine connaissance des musiques populaires de son pays et notamment de la chanson urbaine appelée *rebetiko*, évoquait devant moi, comme souvent, la figure de Vassilis Tsitsanis, un compositeur, chanteur et virtuose du *bouzouki* considéré comme un des maîtres du *rebetiko* et le principal artisan de sa modernisation dans les années 1940. Alors âgé de soixante-quatre ans, son œuvre enregistré consistait pour l'essentiel en disques commerciaux, certes d'une grande qualité dans la plupart des cas, mais dans lesquels il ne pouvait donner la pleine mesure de son talent. Ces disques des années 1950, 1960 et 1970 faisaient entendre le petit orchestre qui était devenu la formation typique du *rebetiko* dans ces années : un *bouzouki* – électriquement amplifié – un *baglama* (petit luth à trois cordes doté d'une sonorité puissante et métallique, dont la tessiture est plus aiguë que celle du *bouzouki*), un piano, un accordéon, une contrebasse et parfois une batterie. Cet orchestre « moderne » avait supplanté celui qui caractérisait la période d'épanouissement du *rebetiko* – les années 1920 et 1930 – où le *bouzouki* acoustique était accompagné seulement par un *baglama* et une guitare. En outre, ces enregistrements commerciaux étaient réalisés en studio avec plus de microphones que nécessaire, et les ingénieurs du son y ajoutaient inévitablement une réverbération artificielle, produisant au bout du compte un son confus où les timbres vocaux et instruments perdaient leur netteté sonore. Yannopoulos regrettait que n'ait été conservé aucun témoignage de la manière dont s'exprimait autrefois Tsitsanis et pensait qu'il serait bon de l'enregistrer avec le seul accompagnement d'une guitare et d'un *baglama*. Elle me persuada de venir à Athènes pour réaliser cet enregistrement. C'est ainsi que je me retrouvai, un soir de février 1980, dans la taverne où Tsitsanis jouait régulièrement. Lorsque le projet lui fut présenté, il se montra d'abord réticent, mais, au terme de longues tractations, finit par l'accepter.

Les enregistrements eurent lieu plusieurs nuits durant dans la cuisine de la taverne, après ses prestations publiques ; Tsitsanis y était accompagné par Yannis Dedes à la guitare et Babis Mallidis au *baglama*, la chanteuse Heleni Yerani ajoutant sa voix à celle du maître. L'équipement comprenait, en tout et pour tout, un Nagra stéréo, deux microphones fixés sur une barrette que je tenais à la main et un casque. Le premier soir, méfiant, il voulut vérifier l'intérêt de cette expérimentation qui ne le convainquait pas encore totalement : j'enregistrai un chant qu'il demanda aussitôt après à entendre au casque. Au bout d'un moment, il tendit le casque aux musiciens qui l'accompagnaient en s'exclamant : « Écoutez çà ! » Puis, s'adressant à l'entourage : « Mais pourquoi on ne m'a jamais enregistré comme ça ? » Par la suite, lui ayant remis tous les documents que j'avais enregistrés, il put en publier une vaste sélection sous la forme d'un double album. C'est ainsi qu'a été reconstituée une pratique qui s'était perdue et conservé un témoignage unique du talent de Vassilis Tsitsanis qui, malheureusement, devait décéder moins de quatre ans plus tard : illustration d'une « ethnomusicologie d'urgence » qui est, en même temps, une forme d'archéologie du présent[39].

La musique de Tsitsanis réalise une véritable symbiose de tradition populaire et de création individuelle. Il s'agit bien d'une œuvre personnelle, mais elle tire sa substance d'une tradition solidement constituée (à partir d'influences diverses : chants byzantins, musiques démotiques de la Grèce continentale et des îles, apports des musiciens venus d'Asie mineure après 1922) bien que récente : recours à des structures modales sur le plan mélodique et, sur le plan rythmique, à des matrices de type

39. Voir Vassilis Tsitsanis, *Grèce : hommage à Tsitsanis* [1988], enregistrements et texte de pochette de Simha Arom et Tatiana Yannopoulos, Paris, Ocora / Harmonia Mundi (C 582 010), 2001.

aksak[40] – fondées sur la juxtaposition, dans un tempo rapide, de quantités paires et impaires (3+2, 3+2+2 ou encore 2+2+2+3). L'accompagnement du chant est fondé sur des successions d'accords empruntés à l'harmonie tonale occidentale. Le soubassement qu'ils fournissent à des mélodies foncièrement modales entretient un climat d'ambivalence suscité par le conflit entre langages modal et tonal. Une autre caractéristique remarquable dans l'art de Tsitsanis est le développement, sur des modules métriques rigoureux, d'improvisations qui en sont rythmiquement indépendantes : fascinant exemple d'une liberté qui s'affranchit des contraintes temporelles sans cesser d'y faire référence. Du point de vue de l'histoire des formes musicales, l'œuvre de Tsitsanis montre comment une musique enracinée dans la tradition populaire collective peut être transmuée en un langage savant hautement personnel.

Disponibilité sur le terrain

Même si l'expérience permet à l'ethnomusicologue de trouver plus facilement ses repères lorsqu'il arrive dans un monde qu'il ne connaît pas, il ne faut jamais perdre de vue que chaque terrain est unique et que, quelle que soit l'habitude acquise de travailler dans des circonstances au préalable peu ou mal connues, il doit toujours s'adapter au terrain qu'il découvre et y définir les méthodes de travail les plus aptes à obtenir les résultats qu'il cherche, dans la coopération avec les membres du groupe ou de la société étudiés, en les rectifiant et les affinant au fur et à mesure qu'avance l'enquête. Car, sur

40. Voir plus avant la section : « Aksak, mètre et rythme : rappel de notions essentielles ».

le terrain, la méthode résulte inévitablement d'une succession d'essais et d'erreurs; elle ne devient fructueuse qu'à la suite d'une longue suite de repentirs, l'essentiel étant de faire en sorte que les erreurs n'offensent pas les interlocuteurs et ne compromettent pas la poursuite du travail. Il n'y a donc pas de « recette » qui garantirait le succès d'une recherche, et ces pages n'en fournissent aucune; elles tentent tout au plus de proposer des éléments de réflexion quant aux modalités d'adaptation au terrain.

Ainsi, d'évidence, il convient de préparer autant que faire se peut le travail de terrain. Cela passe par une définition claire de l'objet de la mission : circonscription précise du ou des objets de recherche et des aires et milieux dans lesquels ils doivent être étudiés; orientation scientifique, cadre théorique, définition des méthodes susceptibles d'être efficaces (le tout toujours à réviser en fonction de ce qui se passe sur le terrain). La bonne préparation du matériel est essentielle : il s'agit d'emporter un équipement adéquat à l'objet et aux méthodes, et de prévoir ce qui est nécessaire pour qu'il fonctionne convenablement, dans les conditions matérielles où l'on enquêtera. Il peut paraître trivial de rappeler que, pour enregistrer de la musique, il est nécessaire que l'enregistreur puisse être alimenté jusqu'au terme de la mission et que, hors de moyens pour le recharger sur des prises de courant, il faut prévoir la possibilité de pénuries de piles et donc en apporter en suffisance; de même, il fallait naguère prévoir une grande quantité de bandes ou de cassettes, aujourd'hui il faut faire attention à la capacité des cartes mémoires, des disques d'ordinateur et se munir d'instruments de sauvegarde complémentaires (disques durs externes ou clefs USB). Outre la consultation du maximum de documentation accessible, les contacts pris au préalable faciliteront l'arrivée et le démarrage de l'enquête. Enfin, une fois que l'on s'est efforcé de tout prévoir, de tout planifier le plus rigoureusement du monde, il faut savoir laisser une place pour l'imprévu, demeurer « toutes antennes dehors » pour se trouver capable d'innover face à un problème ou une situation qui ne s'étaient pas rencontrés auparavant et n'avaient pas été prévus.

Laisser advenir l'insoupçonné (par Simha Arom)

C'était en 1964. Ayant entendu dire que les Mpyemo, établis au sud-ouest de la République centrafricaine possédaient un vaste et beau répertoire de chants accompagnés par une sanza et un chœur d'hommes, je me rendis avec Geneviève Dournon dans un de leurs villages. Après avoir expliqué au chef la raison de notre venue, il envoya quérir quelques hommes âgés, qui arrivèrent peu après, l'un d'eux tenant dans la main une sanza. Après quelques échanges de politesse, nous leur demandâmes – sans autre précision – s'ils accepteraient d'exécuter quelques chants afin que nous puissions les enregistrer. Ce qu'ils firent de bonne grâce. L'enregistrement terminé, nous priâmes tout d'abord le musicien d'énoncer les paroles des chants recueillis, que nous transcrivîmes phonétiquement au fur et à mesure ; puis, nous lui demandâmes de quoi il y était question, et un jeune lycéen originaire du village nous les traduisit. Dans le premier chant, une phrase revenait comme un leitmotiv : « La grosse marmite, doucement, tout doux. Si tu brises la marmite, tu brises ta bouche et ton ventre… ». Comme c'est souvent le cas en milieu traditionnel africain, ces paroles avaient une signification ésotérique. En réponse à nos questionnements, il s'avéra que tous les chants qui venaient d'être enregistrés, exécutés alors en des circonstances « publiques » telles qu'une levée de deuil voire comme simple divertissement, provenaient d'un rituel de ce qui était autrefois la confrérie secrète des « hommes-panthères ». Or, pour devenir membre de cette confrérie, il fallait avoir tué quelqu'un ; les marmites évoquées dans le chant, consacrées par des sacrifices humains, tenaient une place primordiale dans le rituel ; leur destruction était grave de conséquences. Il y eut, de part et d'autre, un moment d'embarras : les musiciens, voulant nous faire plaisir, avaient entonné en toute candeur les chants qui leur venaient à l'esprit, sans se douter le moins du monde qu'il leur en serait demandé la signification. Ce sont en effet des sujets dont on ne parle pas devant des blancs, d'autant moins que les missionnaires s'affairaient à christianiser les Mpyemo. Alors que nous souhaitions simplement recueillir quelques chants accompagnés par la sanza, nous nous trouvâmes plongés de plain-pied dans un monde secret où était pratiquée l'anthropophagie…

Dans de telles circonstances, il convient d'avancer prudemment, de faire preuve de diplomatie et d'imagination ; en premier lieu, de mettre ses interlocuteurs à l'aise. Nous leur dîmes donc : « Ce que ce chant évoque remonte à il y très longtemps, avant l'arrivée des Européens. À cette époque, lors des guerres, on prenait le cœur du vaincu pour l'ingérer et s'en fortifier. Nous aussi, autrefois, on faisait comme chez vous… ». Ces paroles soulagèrent les musiciens, dissipèrent le malaise. Ce qui pouvait paraître honteux était renvoyé à un passé révolu, à une époque désormais embrumée par le mythe. Les chants pouvaient donc être conservés sans que la « moralité » de leurs interprètes ne soit mise en cause.

L'utilisation d'approches non directives conduit souvent, de manière fortuite, à pénétrer des dimensions profondes du savoir local, et à obtenir des données précieuses auxquelles la directivité ne permettrait pas d'accéder, ou du moins pas aussi sereinement. Les requêtes touchant explicitement à des domaines sensibles, dont tous, y compris dans la société étudiée, n'ont pas la connaissance risquent de provoquer des blocages. En ce sens, l'expérience montre que lorsque les musiciens locaux perçoivent que le chercheur étranger, musicien et ethnomusicologue, est d'une certaine façon, par ses connaissances, « du même bord » qu'eux, un « confrère » en quelque sorte, cet écueil est souvent contourné : la musique constitue un trait d'union très fort. Rapidement, la confiance s'installe et, par-delà les différences culturelles et les difficultés linguistiques, une véritable communication s'établit. L'ethnomusicologue bénéficie à cet égard d'une condition privilégiée, surtout s'il est aussi musicien. Là où l'ethnologue et le linguiste doivent poser des questions, il ne demande qu'à entendre et à collecter de la musique, au moins dans un premier temps. La musique constituant un système symbolique qui transcende la parole, une connivence peut s'établir entre ceux qui la pratiquent et l'étranger qui lui manifeste son intérêt. De fait, s'il témoigne visiblement d'une attention soutenue, d'une compréhension pour ce qui lui est chanté ou joué, il suscite à son tour l'intérêt des musiciens. Si, au surplus, il se montre capable de « parler musique » dans la perspective – sinon dans la langue – de ses interlocuteurs, ceux-ci seront incités à lui faire entendre ce qu'ils ont de plus cher, parfois même de plus secret.

L'INTERPÉNÉTRATION DES POINTS DE VUE DE L'INTÉRIEUR ET DE L'EXTÉRIEUR

Cela ne signifie pas que l'ethnomusicologue doive impérativement apprendre à pratiquer la musique qu'il étudie. Dans certains cas, cet apprentissage peut-être bénéfique : l'étude avec un maître, la connaissance intime de la mise en pratique de règles plus ou moins explicites, la participation à une formation musicale peuvent introduire à une perception de l'intérieur (mais pas « indigène ») des processus de production musicale. Dans la plupart des cas, l'apprentissage n'est pas un préalable même si une certaine connivence instrumentale facilite le dialogue : Arom, corniste de formation, put ainsi dialoguer aisément avec les joueurs de trompes banda-linda ; bien que n'étant pas chanteur, il n'en parvint pas moins à mettre au jour le système qui préside aux polyphonies vocales des Pygmées aka. L'essentiel est que l'enquêteur parvienne à faire accepter une présence effective et *non intrusive* qui lui permette d'entretenir les meilleurs rapports avec ses interlocuteurs. Une présence non intrusive est d'autant plus importante que le chercheur doit toujours garder à l'esprit qu'il provoque, par son enquête, une situation extraordinaire ; que c'est lui qui a besoin d'observer des moments de vie sociale et de poser des questions sur son déroulement ; que c'est à lui que revient la responsabilité de rendre compte de ce qu'il a observé, de l'analyser et de proposer des interprétations à partir de ses analyses. La difficulté des tâches qu'il doit accomplir tient à ce qu'il lui faut prendre en compte, autant que faire se peut, ce que les anglophones appellent l'*emic* (émique)[41], les représentations internes à la société

41. Voir plus avant la section : Etic / emic.

et les discours indigènes, afin de pénétrer le sens qu'ont les pratiques observées pour ceux qui y sont impliqués.

La notion de pertinence

Comment parvient-on à comprendre les musiques de l'oralité ? Comment peut-on en dégager les règles, tant celles qui déterminent les usages culturels auxquels la musique est liée, que celles qui régissent l'organisation intrinsèque de la matière sonore ? Comme tout travail de description et d'analyse, celui de l'ethnomusicologue suppose un certain nombre d'étapes et de procédures. Dans ce contexte, un concept paraît être central, celui de *pertinence*. Il recèle en effet un potentiel heuristique qui, transcendant chacun des moments de la recherche, permet à la fois d'en orienter la progression et d'en assurer la cohérence. De quoi s'agit-il au juste ? Pour le linguiste, les faits de langue sont identifiables en vertu de leur pertinence, c'est-à-dire du rôle qu'ils jouent dans le fonctionnement de la langue[42]. De même que les phonèmes – les plus petites unités distinctives d'une langue – constituent les éléments à partir desquels seront construits les mots de celle-ci, les échelles musicales représentent la matière première de toute élaboration mélodique. Et, de même que les systèmes phonologiques varient d'une langue à l'autre, les échelles en usage dans différentes sociétés ne sont pas nécessairement les mêmes.

Les musiques de l'oralité prennent appui sur la notion de pertinence et, comme dans une langue, cette notion opère en musique sur différents plans et à des niveaux variés. Le fonctionnement de toute langue repose sur nombre

42. André Martinet, *Langue et fonction*, Paris, Denoël, 1969.

de principes et de paramètres qui concernent la phonologie, la syntaxe, la morphologie, le lexique, la sémantique, voire la stylistique. Les particularités de toute musique résultent de la sélection et de l'emploi de paramètres qui s'appliquent aux différents plans et niveaux constitutifs, tels l'organisation du temps, des hauteurs, des timbres et des intensités. Aussi est-ce par le recours au concept de pertinence que le chercheur pourra déceler les choix qu'une culture donnée a opérés en matière de musique et, ce faisant, cerner les critères sur lesquels sont fondés ces choix.

Dans l'étude des musiques traditionnelles, la problématique de la pertinence tient en quelques questions :

- Qu'entend-on par « musique » dans une culture donnée ?
- Qu'est-ce qui, à ce titre, est significatif dans telle société et qui ne le serait pas dans une autre ? En d'autres termes, qu'est-ce qui, dans une culture donnée, est retenu comme structurel ?
- Au sein d'une société donnée, quelle est la nature des liens entre le musical et le non musical ?
- Qu'est-ce qui, en matière de musique, est spécifique d'une culture et qu'est-ce qui est partagé par plusieurs ?

Les mélopées de chasse des Pygmées comme les « chants de pleurs » des Indiens Wayana de Guyane entrent pour nous dans le domaine du musical alors que, pour les membres de ces communautés, il n'en est rien. Chez les Kaluli de Papouasie-Nouvelle Guinée, la musique correspond à une stylisation des chants d'oiseaux. Ailleurs, le musical est défini sur la base d'autres critères. Ainsi, dans une très grande partie de l'Afrique subsaharienne, seules les entités sonores qui font l'objet d'un étalonnage strict du temps relèvent du musical.

C'est dire que les principes sur lesquels se constituent les musiques diffèrent d'une société à l'autre. Et il en va de même pour les fonctions qu'elles assument.

La problématique de la pertinence ne date pas d'aujourd'hui. Dès 1936, Helen Roberts postulait que

> la qualité tout à fait particulière de chaque musique réside dans la combinaison spécifique d'un certain nombre de traits qui en eux-mêmes ne sont pas uniques, dans leur proportion relative, de même que, éventuellement, dans leur absence parfois significative[43].

Près de vingt ans plus tard, Nettl se demandait : « Qu'est-ce qui fait que le style musical d'une population donnée est ce qu'il est ? »[44]. Peu après, Merriam reposait la même question en d'autres termes :

> Quels aspects de la structure musicale caractérisent un style ? [...] Est-ce la combinaison de points de structure qui est importante ? Sont-ce seulement des caractéristiques idiosyncratiques qui permettent l'identification d'un groupe de chants[45] ?

Pour Marcia Herndon :

> S'il est vrai que toute société ne réfléchit pas sur sa musique au point d'avoir une théorie explicite, il est également vrai que *les membres de toute société peuvent distinguer, et le font, entre le musical et le non musical.* Cette capacité semblerait indiquer un ensemble de critères qui établissent la nature de

43. Helen H. Roberts, *Musical Areas in Aboriginal North American Indians*, New Haven, Yale University Press, 1936, p. 16.

44. Bruno Nettl, *Theory and Method in Ethnomusicology*, London / New York, The Free Press of Glencoe, 1964, p. 197-198.

45. Alan P. Merriam, *Ethnomusicology of the Flathead Indians*, New York, Wenner-Gren Foundation for Anthropological Research, 1967, p. 166.

> la musique dans cette société, qu'il y ait ou non verbalisation consciente à ce sujet[46].

Etic/emic

Qu'il s'agisse de styles, de formes ou de procédés, de typologies, de changements ou d'emprunts, l'ethnomusicologie traite de matière sonore, d'instruments, de fonctions et de représentations. L'ethnomusicologue est donc confronté au domaine du non-verbal, mais aussi à des données où verbal et non-verbal s'entremêlent. Il observe des activités et des comportements variés, allant de la fabrication et de l'accord des instruments au jeu des musiciens, en passant par des rituels et d'autres événements au sein desquels la musique prend place. Il travaille sur des éléments culturels tels que dénominations et récits mythiques. Et, indissociablement, il collecte et analyse la substance sonore.

La première phase de la description d'un système musical vise à dégager des unités qui soient culturellement pertinentes. Pour ce faire, le chercheur n'a d'autre ressource que de partir d'un ensemble hétérogène et empiriquement constitué de pièces musicales appartenant à la communauté étudiée. Il commencera par chercher des régularités à des niveaux et sur des plans différents. Au début, il lui faut passer par une étape préliminaire au cours de laquelle il transcrit puis segmente la matière sonore, sans pouvoir encore déterminer quels sont les éléments pertinents parmi ceux qu'il dégage ni, *a fortiori*, savoir comment ils s'ordonnent les uns par rapport aux autres.

---

46. Marcia Herndon, « Analysis : The Herding of the Sacred Cows ? », *Ethnomusicology*, vol. 18, n° 2, 1974, p. 219-262, ici p. 248. Nous soulignons.

Dans son important ouvrage, *Language in Relation to a Unified Theory of the Structure of Human Behaviour*, le linguiste américain Kenneth L. Pike proposa d'appliquer une distinction semblable à celle entre *phonétique* et *phonémique* à d'autres faits culturels que le seul langage verbal. Cette généralisation devait permettre, en vertu de la pertinence des éléments constitutifs de toute activité humaine structurée, d'en dégager la systématique. Afin de distinguer les deux étapes de la recherche, Pike proposa de soustraire de ces deux termes l'élément « phone », pour n'en garder que les suffixes (phon) *étique* et (phon) *émique*. Ainsi dégagés de leur connotation linguistique, ils peuvent être utilisés dans d'autres domaines. Commentant les idées de Pike, Eddy Roulet précise la dialectique qu'entretiennent les deux phases de la recherche, la phase *étique* et la phase *émique* :

> Pike montre nettement que l'idéal d'une description neutre et objective est utopique, car tout chercheur est conditionné par sa formation antérieure et ne peut éviter, dans une première approche, d'imposer, fût-ce malgré lui, une grille préétablie de l'objet étudié. Puisqu'il n'y a pas de point de vue innocent, mieux vaut tenir compte explicitement de ce fait dans la méthode d'analyse – c'est le stade de la description étique – pour tenter ensuite seulement d'adopter un point de vue interne à l'objet étudié, le point de vue émique[47].

Toutefois, il convient de prendre en compte les deux sens différents que Pike attribue à étique. Selon le premier, les unités étiques sont celles que la description provisoire permet de dégager; selon le second, toute unité étique est

47. Eddy Roulet, *Linguistique et comportement humain : l'analyse tagmémique de Pike*, Neuchâtel, Delachaux et Niestlé, 1974, p. 42.

une variante libre ou combinatoire d'une unité émique[48]. Pike introduit ainsi une idée de hiérarchisation des différents niveaux de la description : alors que les éléments étiques constituent un inventaire atomisé de traits descriptifs fins, les traits émiques donnent lieu à la constitution de classes d'équivalence qui regroupent les traits inventoriés au niveau étique. En conséquence, l'opposition étique / émique correspond non seulement à une distinction entre le point de vue externe et le point de vue interne, mais aussi, une fois ce dernier mis au jour, à des niveaux de caractérisation de plus en plus généraux. Cela signifie que l'opposition entre données émiques et étiques s'exerce au sein d'un système à différents niveaux : tout élément avéré émique à un niveau donné, devient une variante libre du niveau immédiatement supérieur.

Identique et différent

La seconde distinction de Pike touche au problème de la détermination de l'*identique* et du *différent* et fait intervenir – pour les opposer – les notions de mesure et de système :

> Deux unités sont étiquement différentes lorsque des mesures instrumentales peuvent les montrer comme telles. Des unités sont différentes émiquement seulement lorsqu'elles suscitent des réponses différentes de personnes agissant à l'intérieur du système[49].

Pike précise que si les données étiques fournissent au chercheur un accès au système – elles sont le point de départ

48. *Ibid.*, p. 44.
49. *Ibid.*, p. 38.

de son analyse –, la description finale ou la présentation des résultats devraient être faites en unités émiques.

La méthode d'analyse fondée sur la distinction étique/émique repose, en dernière instance, sur la possibilité de définir des classes, par rapport à une relation d'équivalence donnée, en d'autres termes des *classes d'équivalence*. Cette opération exige du chercheur qu'il définisse un critère qui lui permette de reconnaître dans le corpus observé les faits sonores considérés par les usagers comme de même valeur – ou équivalents – et de les regrouper en une même classe. C'est ensuite seulement qu'il pourra, par la convergence de critères différents, corroborer et valider les résultats obtenus. Il apparaît ainsi que la distinction entre éléments étiques et émiques n'a de sens que si l'on précise à quel niveau elle opère. Les degrés constitutifs d'une échelle, par exemple, doivent être considérés comme un fait émique par rapport à un continuum des hauteurs qui, lui, est une donnée étique. Mais s'agissant du motif mélodique qui se situe au niveau immédiatement supérieur, les degrés sur lequel il s'appuie sont des variantes libres, donc étiques. Les motifs mélodiques qui, dans de nombreuses cultures, notamment en Afrique subsaharienne, sont fréquemment interchangeables, se constituent à leur tour en classes d'équivalence par rapport à l'entité émique qu'est le chant au sein duquel elles figurent. Considéré à un niveau supérieur, celui-ci est inclus dans un ensemble de chants liés à telle ou telle circonstance, ensemble qui constitue un répertoire, soit une catégorie musicale. Ainsi, chez les Pygmées aka de Centrafrique, l'ensemble des chants pouvant être exécutés avant une chasse collective forme une classe par rapport à laquelle l'un quelconque de ces chants constitue une variante libre. Au sein du patrimoine musical des

Aka, cette classe s'oppose à d'autres classes de même niveau, c'est-à-dire à tous les répertoires respectivement associés à d'autres circonstances. En remontant encore d'un degré, on accède à l'entité abstraite qu'est l'intégralité des répertoires de cette communauté, c'est-à-dire à son patrimoine musical. Par rapport à ce dernier, tous les répertoires constituent à leur tour autant de classes d'équivalence. Il est possible de monter plus haut encore, par une généralisation qui peut englober toute une aire géoculturelle : les musiques de plusieurs populations deviennent alors des classes qui s'opposent à un niveau hiérarchique encore plus élevé. Il devient par-là possible de caractériser du point de vue stylistique la musique d'une population, c'est-à-dire de déterminer l'ensemble des traits qui lui appartiennent en propre et qui, par corollaire, la singularisent par rapport à la musique de toute autre population. Car, tout comme pour la langue, la caractérisation d'un idiome musical ne peut s'appuyer que sur des principes de différenciation et d'opposition.

Pour l'ethnomusicologue qui s'attache aux règles implicites et aux systèmes symboliques, il est particulièrement important de prendre en compte la complémentarité de l'*etic* et de l'*emic* : bien que non spontanément verbalisés, ces règles et systèmes, qu'ils soient relatifs à la production musicale ou aux comportements sociaux, existent bel et bien ; ils sont communément appliqués et, s'ils sont transgressés, c'est parce qu'ils sont connus. Étique et émique ne sauraient donc être considérés comme des catégories étanches et immuables. L'émique se transforme continuellement du fait de l'évolution de la société ; l'enquête enregistre discours et représentations indigènes au moment où ils se manifestent, sans préjuger de leur ancienneté. Les analyses et interprétations étiques sont inscrites dans le temps, basées sur un état temporaire des réalités observées et des points de vue internes recueillis. Si, précédemment, d'autres enquêtes ont enregistré des discours et des éléments de représentations portant sur les mêmes objets, une analyse diachronique du changement devient possible. Enfin, il arrive que les analyses ethnomusicologiques, comme les analyses ethnologiques, soient appropriées par ceux-là mêmes qui sont les acteurs des phénomènes analysés. Les mots et les analyses du chercheur étranger se retrouvent alors dans le discours indigène. L'enquête doit être attentive à ces interpénétrations et s'efforcer de comprendre comment elles se produisent.

Ne jamais croire qu'on a fait le tour du terrain…

L'ethnomusicologue chevronné qui, au fil de plusieurs décennies, a exploré un « terrain », testé auprès des musiciens et des auditeurs les analyses qu'il a faites à partir du matériel collecté et des informations recueillies, peut en arriver à penser qu'il a fait le tour de ces musiques et qu'il en sait tout ce qu'il est possible de savoir. En réalité, il faut toujours se méfier d'un excès de confiance et faire preuve de modestie. La seule posture véritablement heuristique est de considérer qu'on ne sait, qu'on ne comprend jamais tout, qu'il reste toujours beaucoup à découvrir.

Ainsi pendant une trentaine d'années, Arom a étudié de manière approfondie les rythmes utilisés dans les musiques d'Afrique centrale sans jamais rencontrer d'aksak. Il en avait déduit que ce système rythmique était absent de cette région, jusqu'au jour où il en repéra dans des enregistrements faits au Congo (Zaïre / RDC) et au Cameroun, puis dans d'autres réalisés en Éthiopie, au Nord Soudan et chez les Bushmen de Namibie. Cette « découverte » tardive lui permit de développer une analyse comparative qui montrait la présence de l'aksak dans un très grand nombre de régions du monde : non seulement dans les Balkans et le Caucase, mais aussi au Maghreb, en Afrique, en Scandinavie, en Espagne, en Inde et au Pérou.

AKSAK, MÈTRE ET RYTHME : RAPPEL DE NOTIONS ESSENTIELLES (PAR SIMHA AROM)

Définition et caractéristiques de l'aksak

Emprunté à la théorie musicale ottomane, le terme turc aksak signifie « boiteux », « trébuchant », « claudiquant », en d'autres termes : *irrégulier*. Il désigne un système rythmique au sein duquel des pièces ou des séquences se déroulant dans un tempo vif[50], reposent sur la réitération ininterrompue d'un module résultant de la juxtaposition de groupements fondés sur des cellules binaires *et* ternaires (telles que 2+3, 2+2+3 etc.) et dont le nombre global est le plus souvent impair. Tous les aksaks autres que celui, matriciel, de cinq valeurs – fondé sur la combinaison de deux cellules (2+3 ou 3+2) – en constituent des extensions, obtenues par ajout et / ou intercalation. Ainsi, un aksak comptant neuf valeurs ne peut être produit que par l'*adjonction* de deux cellules binaires à celui qui en compte cinq (3+2) + (2+2), soit 3+2+2+2. Les modalités de ce type de juxtaposition déterminent

50. Béla Bartók, en parlant de l'aksak, insiste sur le tempo toujours rapide dans lequel il se déroule. De fait, le phénomène aksak paraît être le seul en musique qui présente une interdépendance entre, d'une part, les paramètres qui rendent compte de ses propriétés structurelles et, de l'autre, la variable *tempo*.

la structure et l'articulation de l'aksak et, du même coup, en délimitent la forme.

Aksak structurel / aksak culturel

Les anthropologues – tout particulièrement Clifford Geertz – insistent sur le fait que la culture doit être comprise comme un ensemble partagé de systèmes de signification et d'entendement. L'ethnomusicologue Mieczyslaw Kolinski, de son côté, évoque à propos de la métrique et du rythme l'existence de patrons mentaux, *mental patterning*. Cela implique que la perception du rythme opère sur la base d'un code partagé au sein d'un même système cognitif. Deux exemples viennent le confirmer, chacun à sa façon.

Pendant plus de 30 ans, je n'ai pas rencontré le moindre aksak en République centrafricaine. Puis, en novembre 1990, au cours d'un atelier de formation au travail de terrain organisé pour une petite équipe de jeunes chercheurs dans le village de Lokulela, en pays bolia, à l'extrême sud-ouest du Zaïre (aujourd'hui République démocratique du Congo), j'ai recueilli une berceuse. La mère tenait son enfant contre sa poitrine et, frappant de sa main droite son bras gauche, scandait son chant par l'ostinato rythmique asymétrique suivant : 2+2+2+3. Or cet ostinato irrégulier de neuf valeurs élémentaires peut tout aussi bien se concevoir sur une base de trois pulsations équidistantes (3x3). Afin de tester sa réaction, j'ai superposé, en frappant des mains, ces pulsations équidistantes au chant de la mère ; cette interférence a immédiatement suscité la réprobation de la chanteuse et de tous les villageois présents : pour les Bolia, cette berceuse ne peut être pensée que sous la forme d'un aksak.

À l'inverse, les ethnomusicologues anglo-saxons ont mis en évidence l'existence d'un patron rythmique panafricain (nommé *standard timeline pattern*), construit sur 12 valeurs élémentaires en 2+2+3+2+3, formule qui pourrait être considérée comme le couplage de deux aksaks : 7 (2+2+3) et 5 (2+3). Mais partout en Afrique centrale où j'ai demandé, sans plus de précision, qu'on superpose à cette figure des battements de mains, les frappes correspondaient systématiquement au regroupement des douze valeurs élémentaires en quatre pulsations ternaires (4x3). Cette figure est donc pensée en fonction d'une symétrie globale et en aucun cas comme la juxtaposition de deux aksaks. Ces deux exemples illustrent de façon éloquente la divergence qui peut exister entre l'aksak, considéré uniquement sous son aspect structurel et la manière dont il est ressenti dans un contexte culturel donné. Toute description ethnomusicologique du phénomène aksak se doit de prendre en compte ces deux aspects.

Les chapitres qui suivent vont revenir plus en détail sur les questions qui ont été ici brièvement soulevées. On y envisagera aussi bien les modalités pratiques de l'enquête ethnomusicologique que les problèmes analytiques qu'elle suscite et dont la solution (au moins temporaire et partielle) suppose l'élaboration de procédures idoines de vérification et de validation. Les rapports entre les ethnomusicologues, d'une part, les musiciens et les autres membres du groupe ou de la société auxquels ils appartiennent, de l'autre, ne laissent pas de susciter des débats éthiques que, bien évidemment, nous aborderons aussi.

Bibliographie

Musicologie et ethnomusicologie générales

Arom, Simha, *Polyphonies et polyrythmies instrumentales d'Afrique centrale : structure et méthodologie*, Paris, SELAF, 1985.

—, « Intelligence in Traditional Music », dans Jean Khalfa (dir.), *What Is Intelligence?*, Cambridge, Cambridge University Press, 1994, p. 137-160.

—, *La boîte à outils d'un ethnomusicologue*, textes réunis et présentés par Nathalie Fernando, Montréal, Presses de l'Université de Montréal, 2007.

Arom, Simha et Alvarez-Péreyre, Frank, *Précis d'ethnomusicologie, Paris*, CNRS Éditions, 2007.

Blum, Stephen, « Prologue : Ethnomusicologists and Modern Music History », dans Stephen Blum, Philip V. Bohlman et Daniel M. Neuman (dir.), *Ethnomusicology and Modern Music History*, Urbana, University of Illinois Press, 1993, p. 1-20.

Cook, Nicholas, *A Very Short Introduction to Music*, Oxford, Oxford University Press, 1998.

Dehoux, Vincent, Fernando, Nathalie, Le Bomin, Sylvie et Marandola, Fabrice, « Un itinéraire rythmique : du Cameroun à la Centrafrique », *Cahiers de musique traditionnelle*, vol. 10, 1997, p. 81-105.

During, Jean, *Musiques d'Iran : la tradition en question*, Paris, Geuthner, 2010.

Feld, Steven, « Sound Structure and Social Structure », *Ethnomusicology*, vol. 28, n° 3, 1984, p. 383-409.

—, *Sound and Sentiment : Birds, Weeping, Poetic and Song in Kaluli Expression*, Philadephia, University of Pennsylvania Press, 1982.

Fernando, Nathalie, *Polyphonies du Nord-Cameroun*, Paris, Peeters, 2011.

Fürniss, Susanne, « Aka Polyphony : Music, Theory, Back and Forth », dans Michael Tenzer (dir.), *Analytical Studies in World Music*, Oxford/New York, Oxford University Press, 2006, p. 163-204.

Fürniss, Susanne et Olivier, Emmanuelle, « Systématique musicale pygmée et bochiman : deux conceptions africaines du contrepoint », *Musurgia*, vol. 4, nº 3, 1997, p. 9-30.

Giuriati, Giovanni, « La voie du gamelan : entretien avec Ki Mantle Hood », *Cahiers de musiques traditionnelles*, vol. 8, 1995, p. 193-214.

Guillebaud, Christine, *Le chant des serpents : musiciens itinérants du Kérala*, Paris, CNRS éditions, 2008.

Herndon, Marcia, « Analysis : The Herding of the Sacred Cows ? », *Ethnomusicology*, vol. 18, nº 2, 1974, p. 219-262.

Leclair, Madeleine, *Les voix de la mémoire : le répertoire musical des initiées chez les Itcha du Bénin*, thèse de doctorat, Nanterre, Université de Paris X, 2004.

Marandola, Fabrice, « Les principes de fonctionnement du système pentatonique », dans *Discussion Forum 1. L'Afrique et l'Europe médiévale : la théorie du pentatonisme revue à travers les systèmes africains de tradition orale*, numéro spécial de *Musicæ Scientiæ*, vol. 4, 2000, p. 97-106.

—, *Les polyphonies vocales des Pygmées bedzan du Cameroun : une approche expérimentale du système scalaire*, thèse de doctorat, Paris, Université Paris IV Paris-Sorbonne, 2003.

—, « The Study of Musical Scales in Central Africa : The Use of Interactive Experimental Methods », dans Uffe K. Wiil (dir.), *Computer Music Modeling and Retrieval*, livre et disque compact, Berlin, Springer, 2004, p. 34-41.

Merriam, Alan P., *Ethnomusicology of the Flathead Indians*, New York, Wenner-Gren Foundation for Anthropological Research, 1967.

Molino, Jean, *Le singe musicien : essais de sémiologie et d'anthropologie de la musique*, textes réunis par Jean-Jacques Nattiez en collaboration avec Jonathan Goldman, précédé de « Introduction à l'œuvre de Jean Molino » par Jean-Jacques Nattiez, Arles, Actes Sud / Paris, INA, 2009.

MORRIS, Robert, « Architectonic Composition in South Indian Classical Music : The "Navaraagamalika Varnam" », dans Michael Tenzer (dir.), *Analytical Studies in World Music*, Oxford / New York, Oxford University Press, 2006, p. 303-331.

NATTIEZ, Jean-Jacques, *Music and Discourse : Toward a Semiology of Music*, Princeton, Princeton University Press, 1990.

—, « Unité de la musique… unité de la musicologie ? En guise de conclusion », dans Jean-Jacques Nattiez (dir.), *Musiques : une encyclopédie pour le XXIe siècle*, vol. 5 : *L'unité de la musique*, Arles, Actes Sud / Paris, Cité de la musique, 2007, p. 1197-1209.

NETTL, Bruno, *Theory and Method in Ethnomusicology*, London / New York, The Free Press of Glencoe, 1964.

—, *The Study of Ethnomusicology : Thirty One Issues and Concepts*, Urbana, University of Illinois Press, 1983.

NKETIA, Kwabena, *Ethnomusicology and African Music : Collected Papers*, vol. 1 : *Modes of Inquiry and Interpretation*, Accra, Afram Publications, 2005.

PERLMAN, Marc, *Unplayed Melodies : Javanese Gamelan and the Genesis of Music Theory*, Berkeley, University of California Press, 2004.

RAPPOPORT, Dana, *Chants de la terre aux trois sangs : musiques rituelles des Toraja de l'île de Sulawesi (Indonésie)*, 2 vol. et 1 DVD, Paris, Éditions Épistèmes / Maison des sciences de l'homme, 2009.

—, « L'énigme des duos alternés à Florès et Solor (Lamaholot, Indonésie) », *Archipel*, n° 79, 2010, p. 215-256.

ROBERTS, Helen H., *Musical Areas in Aboriginal North American Indians*, New Haven, Yale University Press, 1936.

TENZER, Michael, *Gamelan Gong Kebyar : The Art of Twentieth Century Balinese Music*, Chicago, University of Chicago Press, 2000.

TOURNY, Olivier, *Le chant liturgique juif éthiopien : analyse musicale d'une tradition orale*, Paris, Peeters, 2009.

VALLEJO, Polo, *Patrimonio musical wagogo (Tanzania): Contexto y sistematica*, Madrid, Fundacion Sur, 2008.

Musiques « sous-entendues »

ANAGNOSTOU, Panagiota, *Les représentations de la société grecque dans le rebetiko*, thèse de doctorat, Pessac, Sciences Po Bordeaux, Université de Bordeaux, 2011.

DAHOMAY, Marie-Line, *Gaston Germain Calixte dit « Chaben », le chant gwoka des veillées mortuaires de la Guadeloupe*, mémoire de diplôme universitaire « Ethnorythme », Université de Nice, 2003.

GAULIER, Armelle, « Musique et processus de créolisation, les chants *moppies* des populations coloured du Cap (Afrique du Sud) », *Volume! La revue des musiques populaires*, vol. 7, nº 1, 2010, p. 75-104.

LAFONTAINE, Marie-Céline, « Le Carnaval de l'"autre", à propos d'"authenticité" en matière de musique guadeloupéenne : théories et réalités », *Les Temps Modernes*, nº 441-442, 1983, p. 2126-2173.

—, « Terminologie musicale en Guadeloupe : ce que le créole nous dit de la musique », *Langage et société*, nº 32, 1985, p. 10-11, http://www.persee.fr/web/revues/home/prescript/article/lsoc_0181-4095_1985_num_32_1_2020, consulté le 22 avril 2014.

MARTIN, Denis-Constant, *Coon Carnival : New Year in Cape Town, Past and Present*, Le Cap, David Philip, 1989.

—, « Anwar Gambeno : transmettre une tradition omnivore (Le Cap, Afrique du Sud) », *Cahiers de musiques traditionnelles*, vol. 15, 2002, p. 133-154.

Musiques « actuelles »

AROM, Simha et MARTIN, Denis-Constant, « Combiner les sons pour réinventer le monde : la *world music*, sociologie et analyse musicale », *L'Homme*, nº 177-178, 2006, p. 155-178.

BARNAT, Ons, « Problématiques actuelles de la musique garifuna en Amérique centrale : vers une ethnomusicologie interdisciplinaire»,https://www.academia.edu/2228412/Problematiques_

actuelles_de_la_musique_garifuna_en_Amerique_centrale_Belize_Guatemala_et_Honduras_vers_une_ethnomusicologie_interdisciplinaire, consulté le 17 mars 2014.

COTRO, Vincent, *Chants libres : le free jazz en France, 1960-1975*, Paris, Outre-mesure, 1999.

MALLET, Julien, « "World Music" : une question d'ethnomusicologie ? », *Cahiers d'études africaines*, nº 168, 2002, p. 831-852, http://etudesafricaines.revues.org/168, consulté le 22 avril 2014.

—, *Le Tsapiky, une jeune musique de Madagascar : ancêtres, cassettes et bals-poussière*, Paris, Karthala, 2009.

MARTIN, Denis-Constant, « Entendre les modernités : l'ethnomusicologie et les musiques "populaires" », dans Laurent Aubert (dir.), *Musiques migrantes : de l'exil à la consécration*, Gollion (Suisse), Infolio / Genève, Musée d'ethnographie, 2005, p. 17-51.

MARTIN, Denis-Constant *et al.*, *Quand le rap sort de sa bulle : sociologie politique d'un succès populaire*, Paris, IRMA / Bordeaux, Mélanie Seteun, 2010.

MEINTJES, Louise, *Sound of Africa ! : Making Music Zulu in a South African Studio*, Durham, Duke University Press, 2003.

RUDENT, Catherine (dir.), *L'analyse des musiques populaires modernes : chanson, rock, rap*, numéro spécial de *Musurgia*, vol. 5, nº 2, 1998.

TENZER, Michael (dir.), *Analytical Studies in World Music*, Oxford / New York, Oxford University Press, 2006.

TENZER, Michael et ROEDER, John (dir.), *Analytical and Cross-Cultural Studies in World Music*, Oxford / New York, Oxford University Press, 2011.

Traditions et « authenticité »

AMSELLE, Jean-Loup, *Branchements, anthropologie de l'universalité des cultures*, Paris, Flammarion, 2001.

COPLAN, David B., « Ethnomusicology and the Meaning of Tradition », dans Stephen Blum, Philip V. Bohlman, Daniel M. Neuman (dir.), *Ethnomusicology and Modern Music History*, Urbana, University of Illinois Press, 1993, p. 35-48.

HALE, Thomas A., « From the Griot of Roots to the Roots of Griot : A New Look at the Origins of a Controversial African Term for Bard », *Oral Tradition*, vol. 12, nº 2, 1997, p. 249-278.

HOBSBAWM, Eric et RANGER, Terence (dir.), *L'invention de la tradition*, Paris, Editions Amsterdam, 2006.

JULES-ROSETTE, Bennetta, *The Messages of Tourist Art : An African Semiotic System in Comparative Perspective*, New York, Plenum Press, 1984.

MATTOS, Hebe Maria, « Terras de Quilombo : citoyenneté, mémoire de la captivité et identité noire dans le Brésil contemporain », *Cahiers du Brésil contemporain*, nº 53-54, 2003, p. 115-147.

SANSONE, Livio, *Blackness without Ethnicity : Constructing Race in Brazil*, New York, Palgrave MacMillan, 2003.

SCHLANGER, Judith, « Tradition et nouveauté », dans Vincent Dehoux *et al.* (dir.), *Ndroje Balendro : musiques, terrains et disciplines. Textes offerts à Simha Arom*, Paris, SELAF, 1995, p. 179-185.

WADE, Peter, « Music, Blackness and National Identity : Three Moments in Colombian History », *Popular Music*, vol. 17, nº 1, January 1998, p. 1-19.

Terrain

ALTHABE, Gérard, FABRE, Daniel et LENCLUD, Gérard (dir.), *Vers une ethnologie du présent*, Paris, Éditions de la Maison des sciences de l'homme, 1992.

BEKOMBO PRISO, Manga, *Penser l'Afrique : regards d'un ethnologue dwala*, textes choisis et présentés par Alfred Adler, Raymond Verdier et Marie-Dominique Mouton, Nanterre, Société d'ethnologie, 2009.

COPANS, Jean, *L'enquête ethnologique de terrain*, Paris, Nathan, 2002.

OLIVIER DE SARDAN, Jean-Pierre, *La rigueur du qualitatif : les contraintes empiriques de l'interprétation socio-anthropologique*, Louvain-la-Neuve, Academia Bruylant, 2008.

OUATTARA, Fatoumata, « Une étrange familiarité, les exigences de l'anthropologie "chez soi" », *Cahiers d'études africaines*, n° 175, 2004, p. 635-657.

Comparaisons

CROWELL TRAGER, Edith et LOMAX, Alan, « Phonotactique du chant populaire », *L'Homme*, vol. 4, n° 1, 1964, p. 1-55.

LACHMANN, Robert, *Gesänge der Juden auf der Insel Djerba*, Jerusalem, The Hebrew University / The Magnes Press, 1978.

LOCKE, David, « Yewevu in the Metric Matrix », *Music Theory Online*, vol. 16, n° 4, 2010, http://www.mtosmt.org/issues/mto.10.16.4/mto.10.16.4.locke.html, consulté le 29 mars 2014.

LOMAX, Alan, *Folk Song Style and Culture*, New Brunswick, Transaction Publishers, 1968; 2000.

—, *Cantometrics : An Approach to the Anthropology of Music*, Berkeley, University of California Extension Media Center, 1976.

MCCORMICK, Fred, « Cantometrics, Song and Social Culture, a Response », *Musical Traditions*, http://www.mustrad.org.uk/articles/cantomet.htm, consulté le 29 mars 2014.

MERRIAM, Alan P., *The Anthropology of Music*, Evanston, Northwestern University Press, 1964; 1980.

MONIOT, Henri, « La Féodalité pour quoi dire ? La typologie et les modèles pour quoi faire », *Cahiers d'études africaines*, vol. 7, n° 25, 1967, p. 194-210.

Etic / Emic

AROM, Simha et ALVAREZ-PÉREYRE, Franck, « Ethnomusicology and the Emic / Etic Issue », *The World of Music*, vol. 35, n° 1, 1993, p. 7-33.

MARTINET, André, *Langue et fonction*, Paris, Denoël, 1969.

PIKE, Kenneth L., *Language in Relation to a Unified Theory of the Structure of Human Behavior*, The Hague, Mouton, 1954; 1967.
ROULET, Eddy, *Linguistique et comportement humain : l'analyse tagmémique de Pike*, Neuchâtel, Delachaux et Niestlé, 1974.

Aksak

AROM, Simha, « L'aksak, principes et typologie », *Cahiers de musiques traditionnelles*, vol. 17, 2005, p. 11-48.
BARTÓK, Béla, *Musique de la vie : autobiographie*, lettres et autres écrits, choisis, traduits et présentés par Philippe A. Autexier, Paris, Stock, 1981.
KOLINSKI, Mieczyslaw, « A Cross-Cultural Approach to Metro-Rhythmic Patterns », *Ethnomusicology*, vol. 17, nº 3, 1973, p. 494-506.

Chapitre II

AVANT DE PARTIR

Un terrain se prépare. Il peut sembler superflu de le rappeler, mais, face au discours privilégiant le *random drifting* (se laisser aller au hasard), il convient malgré tout de le réaffirmer[1]. Pour commencer, il n'est pas inutile de consulter quelques ouvrages méthodologiques qui se sont donné pour but de guider le chercheur dans son travail de terrain, de lui fournir une sorte de « pense-bête » de ce qu'il faut faire ou ne pas faire. Ces guides sont à lire non comme des compilations d'impératifs catégoriques, mais comme des incitations à la réflexion que l'enquêteur peut garder en mémoire pour l'aider à s'adapter aux particularités et aux imprévus de la recherche qu'il entreprend.

1. Voir Tiago de Oliveira Pinto, « Une expérience transculturelle, entretien avec Gerhard Kubik », *Cahiers de musiques traditionnelles*, vol. 7, 1994, p. 211-227, http://ethnomusicologie.revues.org/1411, consulté le 17 mars 2014.

GUIDES POUR LE TERRAIN

Il n'existe pas d'ouvrage en français qui soit intégralement consacré au travail de terrain en ethnomusicologie (ce qui est une des raisons d'être du présent livre). Toutefois, le *Guide pour la collecte des musiques et instruments traditionnels* de Geneviève Dournon contient trois protocoles d'enquête très détaillés concernant : premièrement, la collecte des instruments de musique ; deuxièmement, la collecte des documents sonores ; troisièmement, la collecte des documents photographiques et audiovisuels. Ces protocoles proposent des conseils qui permettent de mieux approcher le terrain et d'y effectuer un travail fructueux. Par ailleurs, cette publication met l'accent sur les exigences éthiques et méthodologiques qui doivent être respectées pour que la collecte soit menée avec la rigueur scientifique nécessaire, mais aussi pour qu'elle soit bénéfique à la communauté ou aux individus détenteurs du patrimoine.

Le *Field Manual For Ethnomusicology* de Marcia Herndon et Norma McLeod est extrêmement détaillé. Il couvre les différents aspects et les phases successives de l'enquête : formulation du plan de recherche, préparation de la mission, première étape du travail sur le terrain, retour à un terrain ancien, comportement du chercheur sur le terrain, choix des interlocuteurs[2], manière de recueillir les documents sonores et audiovisuels, préservation des données. Il traite de l'ethnomusicologie participative et indique quelles peuvent être les limites (linguistiques, financières, temporelles)

---

2. Terme que l'on préférera au traditionnel « informateur », trop réducteur et évoquant les auxiliaires de police, ou à celui de *consultant* que le politiquement correct anglophone a mis à la mode.

d'une mission. Ce manuel date de 1983 ; aussi, tout ce qui concerne l'équipement pour les enregistrements sonores (magnétophones, microphones et casques) et visuels (photo, film, vidéo) est aujourd'hui largement dépassé par suite des nombreux changements survenus depuis dans le domaine de la technologie du son et de l'image (avec, notamment, le passage à la prise de vue, à l'enregistrement numériques et la possibilité de stocker et de traiter immédiatement les données sur ordinateur ou dans des « nuages »).

Le *Manual for Documentation Fieldwork & Preservation for Ethnomusicologists* est un ouvrage collectif publié par la Society for Ethnomusicology des États-Unis. Son format compact (15 x 10,5 cm.) permet de le glisser aisément dans une poche et de le garder toujours sur soi. Il insiste sur le fait qu'une

> bonne information sur le matériel collecté peut être précieuse non seulement pour le chercheur à son retour du terrain [...] mais également pour de futures générations de chercheurs [...], ainsi que, à un moment futur de l'histoire, pour les membres des communautés où il a été recueilli [3].

Ce manuel est articulé en cinq chapitres. Le premier indique comment organiser la documentation à l'aide de fichiers-index relatifs à chaque *item* collecté et comportant des entrées pour : les informations relatives au collecteur, les événements, les participants, les enregistrements audio et vidéo, les notes de terrain, les transcriptions et les traductions. Le deuxième s'attache aux considérations éthiques et légales.

---

3. Janet Topp Fargion (dir.), *A Manual for Documentation Fieldwork & Preservation for Ethnomusicologists*, Bloomington, Indiana University Press / The Society for Ethnomusicology), 2001, p. 2.

Le troisième passe en revue les équipements techniques qu'il est possible d'utiliser pour enregistrer, photographier et filmer ; il énumère les avantages et inconvénients des différents matériels de captation du son et de l'image et contient de nombreux conseils pratiques. Le quatrième traite des modalités (*procedures*) de l'enregistrement et le cinquième du stockage et de la préservation des données en fonction des spécificités des supports utilisés.

On peut ajouter qu'en règle générale, lors de la préparation d'une mission de terrain aussi bien qu'au cours de l'enquête elle-même, il importe de tenir compte des particularités de la société ou du groupe au sein duquel travaille l'ethnomusicologue. Ce qui peut sembler être une remarque de bon sens, sinon une évidence, ne doit pourtant pas être négligé. On n'enquête en effet pas de la même manière selon qu'on se trouve dans un milieu où la musique est indispensable dans certaines circonstances (religieuses, politiques), ou lorsqu'elle peut simplement surgir à tout moment d'un besoin de divertissement, d'un enrichissement non obligatoire de rituel, ou du plaisir qui trompe la solitude (des bergers, par exemple), l'un n'excluant évidemment pas l'autre. De même, l'existence de corps spécialisés de musiciennes ou de musiciens, ou encore de degrés inégaux de connaissance des formes et des répertoires selon l'appartenance à certaines catégories sociales ou à des sociétés détentrices de savoirs spécialisés ou ésotériques exige, afin d'établir des rapports de confiance avec les représentants de ces catégories ou sociétés, le respect de certains codes. Enfin, aujourd'hui, il n'est plus possible d'envisager une musique comme une production isolée, « pure », qui serait demeurée à l'abri de toute influence extérieure et n'aurait connu aucun changement. L'enquête, y compris panoramique et rapide, doit donc recueillir des informations sur les éventuels contacts et échanges, directs ou médiatisés par les moyens de communication (circulation d'enregistrements, diffusion à la radio, à la télévision, sur internet), et leurs effets possibles. Elle doit notamment s'intéresser à tout ce qui circule entre les villes et les campagnes, à tout ce qui est susceptible de stimuler les innovations urbaines ou de modifier les pratiques villageoises.

Documentation et compétences

Une fois définis le(s) lieu(x) où se déroulera l'enquête et les objets sur lesquels elle portera (qu'il s'agisse de réaliser un panorama aussi exhaustif que possible ou de travailler plus spécifiquement sur les échelles, les rythmes, les chants d'enfants…), le premier moment de la recherche consiste à établir un état des informations disponibles. Il est donc utile de connaître les principaux centres de recherche et de documentation susceptibles d'abriter des ressources utiles, de consulter les dictionnaires spécialisés, tels que le *Grove* en anglais ou le MGG en allemand.

Centres de documentation
(par Simha Arom)

Dans les pays francophones

France

– Médiathèque de la Cité de la Musique, 221 Avenue Jean Jaurès, 75019 Paris ;
– Médiathèque du Musée du Quai Branly, 7 quai Branly, 75007 Paris ;
– BNF, Département de l'Audiovisuel, Site François-Mitterrand, Quai François-Mauriac, 75706 Paris cedex 13 ;
– Archives sonores, Centre de recherche en ethno-musicologie (CREM), UMR 7186, LESC-CNRS, M.A.E.-Université Paris Ouest Nanterre La Défense, 21 Allée de l'Université, 92023 Nanterre cedex ;
– Centre français du patrimoine culturel immatériel, Maison des cultures du monde, Prieuré des Bénédictins, 2 rue des Bénédictins, 35500 Vitré ;
– Institut du monde arabe, Place Mohammed V, 75236 Paris cedex 05 ;
– Institut européen des musiques juives, 29 rue Marcel Duchamp, 75013 Paris ;
– Maison méditerranéenne des sciences de l'homme, 5 rue du Château de l'Horloge, BP 647, 13094 Aix-en-Provence.

Suisse

– Phonothèque du Musée d'ethnographie de Genève, Chemin Calandrini 7, CH-1231 Conches ;
– Musée d'ethnographie, Neuchâtel, 4 rue St-Nicolas (quart. Château-Collégiale), CH-2000 Neuchâtel.

Belgique

– Musée royal de l'Afrique centrale, Chaussée de Louvain 13, 3080 Tervuren.

Québec
– Musée canadien des civilisations, Ottawa, 100 Laurier St., Hull (QC), Canada ;
– Archives de folklore et d'ethnologie de l'Université Laval, Pavillon Jean-Charles-Bonenfant, local 5489, 2345, Allée des Bibliothèques, Cité universitaire, Québec (QC), G1V 0A6.

En ligne

– Bibliothèque et archives Canada, « Le Gramophone virtuel [enregistrements musicaux canadiens datant de la fin du XIXe siècle et du début du XXe siècle] », http://www.collectionscanada.gc.ca/gramophone/028011-142-f.html ;
– Phonothèque de la Maison méditerranéenne des sciences de l'homme, http://phonotheque.mmsh.univ-aix.fr. (Voir notamment les collectages d'Alan Lomax accessibles en ligne : http://phonotheque.hypotheses.org/6463) ;
– International Library of African Music, ILAM On-line Sound Archive, Rhodes University, South Africa, http://greenstone.ilam.ru.ac.za/cgi-bin/library?site=localhost&a=p&p=about&c=ilam&l=en&w=utf-8.

À partir de là, il sera possible de pousser plus avant et d'établir des bibliographies, des discographies, des filmographies, sans oublier les possibilités qu'offre aujourd'hui l'internet, immenses, mais à utiliser avec un sens critique aiguisé. L'identification et le dépouillement des sources, le dialogue avec chercheurs et enseignants permettent de prendre connaissance de ce qui a déjà été fait et aident à préciser les orientations de recherche, soit que l'on décide de partir vers un terrain qui semble encore inexploré (caché dans un coin reculé de forêt tropicale ou tout simplement en ville, facile d'accès mais jusqu'alors négligé pour diverses raisons), ou de revenir sur des lieux déjà connus pour y porter un regard nouveau, y traquer des phénomènes encore non étudiés. Dans certains cas, il est en outre intéressant d'interroger non seulement des spécialistes, mais aussi des immigrés originaires du pays dans lequel on souhaite se rendre afin de recueillir le plus grand nombre de suggestions et d'obtenir des contacts qui, sur place, rendront plus aisé le déroulement de l'enquête : dans l'administration, à l'université et parmi des journalistes ou des « amateurs éclairés » qui parfois détiennent des archives imprimées, photographiques ou enregistrées et connaissent personnellement des musiciens. Il convient enfin d'acquérir des compétences qui s'avéreront nécessaires une fois sur le terrain.

Un ethnomusicologue doit évidemment avoir une oreille éduquée et, de préférence, posséder une formation musicale qui lui permette de transcrire la musique à l'aide d'un système graphique adéquat, pour ensuite l'analyser à partir de la transcription. En dépit des critiques qui en dénoncent le formalisme et l'européo-centrisme, la notation solfégique, adaptée aux particularités des musiques étudiées, demeure le système le plus utilisé, et probablement le plus efficace[4]. Enfin, l'ethnomusicologue a toujours avantage à connaître la langue ou les spécificités du parler des milieux dans lesquels il va travailler. Il ne s'agit pas nécessairement de maîtriser parfaitement cette langue ou ces parlers, mais d'en connaître

4. Voir dans le chapitre 6 ce qui concerne plus précisément la transcription.

suffisamment, d'abord pour nouer un contact positif avec les populations sujettes de l'enquête (être capable de dire quelques formules de salutation et de politesse dans la langue locale permet souvent d'établir des relations fructueuses), ensuite pour être capable, dans le cas où il est nécessaire de faire appel à un interprète, de superviser ses traductions. Les langues à tons, que l'on rencontre en Afrique aussi bien qu'en Asie, posent au chercheur dont la langue n'en possède pas des problèmes particuliers : il faut en effet acquérir une grande compétence pour entendre et énoncer correctement les tons. À défaut de la posséder, l'ethnomusicologue a la ressource de faire siffler les tons par ses interlocuteurs : il pourra alors les noter plus facilement[5]. Dans tous les cas, la connaissance de l'alphabet phonétique international facilitera le recueil des paroles des chants, en respectant les particularités phonétiques de la langue dans laquelle ils sont entonnés.

L'exigence qui semble présider à ces recommandations ne doit pas décourager, elle représente une forme d'idéal qu'un individu ne possède pas nécessairement, surtout en cours d'études ou au début d'une carrière. Il est possible d'enregistrer de la musique, de commenter ses dimensions socio-anthropologiques, sans être capable de transcrire ; il est possible de nouer de très bonnes relations dans une société dont on ne parle pas la langue – lorsque le dialogue peut avoir lieu dans un idiome tiers que tous connaissent, ou par le biais d'un interprète ; ces « limitations » définiront évidemment le type d'analyses qui pourront être produites, mais elles n'impliquent pas que celles-ci seront dénuées d'intérêt.

5. Voir dans le chapitre 6 la section : « Rapports musique-langue ».

« La maman du chant », une erreur de traduction bénéfique (par Simha Arom)

Comme la grande majorité des musiques traditionnelles africaines, celle des Pygmées aka qui vivent au sud-ouest de la République centrafricaine est cyclique : un matériau semblable revient périodiquement, à un intervalle de temps constant, revêtu de multiples variations. Leur musique vocale est polyphonique et met en œuvre un contrepoint dense et complexe, qui résulte des multiples variations individuelles gravitant autour d'un nombre limité de lignes mélodiques. Les Aka ont parfaitement conscience que leur chant se fonde sur la superposition de plusieurs mélodies différentes. Toutefois, aucun questionnement direct à ce sujet ne m'a permis, au début de mes enquêtes, de tirer au clair le nombre de parties constitutives auquel leur contrepoint fait appel. La raison en était due, sans aucun doute, à la formulation inadéquate de mes questions. Nous n'étions pas sur la même « longueur d'ondes » et mes interlocuteurs ne comprenaient pas où je voulais en venir.

Au cours de différentes missions effectuées entre 1972 et 1975, j'avais enregistré plusieurs dizaines de pièces polyphoniques que j'ai pu ensuite, grâce à la technique du *re-recording*[6], transcrire puis analyser. J'espérais que les partitions ainsi élaborées me permettraient de trouver une réponse aux questions suivantes : quel est le nombre exact des parties structurelles ? Obéissent-elles à une quelconque hiérarchie ? Et, le cas échéant, quelle est la partie qui sert d'assise à toutes les autres ? En scrutant la partition de chaque pièce, il m'a paru que les réalisations de certaines voix constituaient autant de variantes d'une même partie et que, en les regroupant en fonction de leur proximité mélodique, le nombre de voix qui fonde l'édifice polyphonique ne saurait dépasser quatre.

6. Simha Arom, *Polyphonies et polyrythmies instrumentales d'Afrique centrale : structure et méthodologie*, Paris, SELAF, 1985, p. 217-254.

De retour sur le terrain, l'idée m'est venue de demander aux Aka quel était, pour eux, le « vrai chant », en d'autres termes, la mélodie la plus importante au sein d'un chant polyphonique. Je leur suggérai le nom d'un chant et, aussitôt, deux hommes entonnèrent une mélodie relativement simple. Je les priai alors de la reprendre avec le minimum de notes et sans faire de variations. Ils la chantèrent pratiquement à l'unisson, ce qui, en soi, était déjà inhabituel. Je leur fis alors entendre l'enregistrement *tutti* (avec toutes les voix) de ce même chant, en leur demandant d'y superposer la même mélodie. J'obtins ainsi un enregistrement où figurait, sur une piste, le chant collectif et, sur l'autre, une version simplifiée de cette mélodie, à l'unisson et sans la moindre variation : un *ostinato strict*, formé de valeurs rythmiques longues entrecoupées de silences. Cependant, ils ne me donnèrent aucune information quant à son éventuelle dénomination. Compte tenu de ses caractéristiques, je la nommais, pour mon propre usage, *cantus firmus*, en référence au *cantus firmus* médiéval[7].

Restait à faire valider par les Aka aussi bien la conformité de cette épure que son statut prédominant au sein de l'édifice polyphonique. Lors de la mission suivante, je fis réécouter aux deux mêmes musiciens l'enregistrement *tutti*, en leur demandant d'y superposer à nouveau la ligne fondamentale, sans faire la moindre variante. En écoutant par le casque ce qu'ils avaient chanté antérieurement, je pouvais ainsi comparer « en temps réel » la version enregistrée l'année précédente avec celle qu'ils me donnaient à présent. Mais, comme ils ne purent s'empêcher de faire des variations, je priai mon traducteur de leur réitérer ma demande. À ce moment, au lieu de s'adresser à eux en aka, il leur dit en sango, langue que je comprenais : « Vous ne faites pas ce qu'il vous demande. Chantez seulement la maman ». L'heureux

7. Le *cantus firmus* est une ligne mélodique simple, voix principale servant de base au contrepoint des autres voix, que l'on retrouve dans les principes de composition de la musique savante du Moyen Âge et de la Renaissance.

résultat de cette erreur de traduction me révéla que « mon » *cantus firmus* portait bien un nom en aka, *ngúé wà lémbò*, littéralement « la mère du chant », c'est-à-dire la mélodie qui en constitue le soubassement.

La découverte fortuite de la dénomination de l'une des parties m'amena aussitôt à postuler que les autres pouvaient, elles aussi, porter des noms spécifiques. En quelques instants, il s'est avéré que :

– les parties constitutives étaient au nombre de quatre ;

– toutes portaient un nom et que celui-ci était en rapport avec leurs fonctions respectives au sein de l'édifice polyphonique : celle qui entonne le chant est appelée *mò-tángòlè* (« celle qui débute »), la partie qui lui « répond » – par mouvement contraire – se nomme *ó-sêsê* (littéralement « dessous », c'est-à-dire hiérarchiquement subordonnée à celle-ci ; enfin, la partie jodlée qui coiffe les trois autres s'appelle *dì-yèí*, « jodlé », terme qui désigne précisément cette façon de chanter ;

– dans la pratique, chacun peut non seulement chanter n'importe laquelle de ces quatre parties en y apportant des variations, mais encore passer à son gré, à tout moment, de l'une à l'autre. Toutefois, selon la conception des Aka, sur les quatre parties constitutives, deux – *ngúé wà lémbò* et *mò-tángòlè* – sont l'apanage des hommes, alors que les deux autres, *ó-sêsê* et *dì-yèí*, reviennent aux femmes.

C'est ainsi que, grâce à ce « malentendu productif », je découvris en moins de temps qu'il ne faut pour le dire ce que je cherchais depuis des années, à savoir que les voix constitutives sont au nombre de quatre, qu'en théorie deux reviennent aux hommes et deux aux femmes, qu'il existe entre elles une hiérarchie, que chacune porte un nom en aka et a une fonction précise dans l'édifice polyphonique !

Les éléments dont j'avais postulé l'existence et les relations des uns avec les autres se révélaient correspondre à des réalités signifiantes pour les Aka et montraient que ceux-ci avaient une conceptualisation vernaculaire des parties. Qui plus est, la métaphore utilisée pour désigner la partie fondamentale rendait parfaitement compte de son statut prédominant au sein de la trame polyphonique.

En un mot, je tenais enfin la conception des Aka concernant la répartition des voix dans leur polyphonie. Répartition toute théorique d'ailleurs, car, lorsque je fis remarquer que très souvent une femme entonne et que très souvent aussi un homme chante la partie jodlée, on me répondit en riant : « Oui, c'est vrai, mais ça *devrait* être comme on t'a dit… ».

Ce récit illustre en premier lieu comment une circonstance fortuite qui conduit à la mise au jour d'un élément isolé appartenant à un ensemble peut mener à la découverte d'autres éléments encore manquants. C'est là un moment privilégié, susceptible de ne plus se reproduire. Il ne faut donc, sous aucun prétexte, le laisser échapper. Il montre également que l'une des difficultés majeures auxquelles le chercheur est confronté lors d'une enquête concerne la formulation des questions; si elles ne sont pas compréhensibles pour ses interlocuteurs, ils ne pourront y répondre de manière pertinente. Il nous enseigne enfin que, même dans une culture où la théorie de la musique est implicite, il arrive que ses règles soient transgressées en toute connaissance de cause…

Deux qualités sont ici essentielles : imagination et intuition; la première permettra de substituer à une question demeurée sans réponse une ou plusieurs autres, énoncées de façon plus indirecte, métaphorique, en s'inspirant de cas analogues; la seconde conduit à être constamment sur le qui-vive, afin de pouvoir saisir en toutes circonstances le moindre indice capable de faire progresser l'enquête.

Matériel

L'ethnomusicologie requiert un matériel spécifique qui permette de conserver le plus grand nombre d'informations possible sur les musiques étudiées et les circonstances dans lesquelles elles prennent place.

Généralités

L'équipement à emporter sur le terrain doit permettre de réaliser des enregistrements sonores et vidéo, ainsi que des photographies. Il convient de déterminer précisément le type de matériel nécessaire, en fonction des besoins spécifiques de l'enquête et du budget qui lui a été alloué : tout dépend de l'activité que l'on veut étudier et du type de données qui doit être recueilli à cette fin. Un certain nombre de questions techniques doivent être envisagées : s'apprête-t-on à enregistrer ou à filmer en plein air ou en intérieur ? De jour seulement ou aussi de nuit ? Y-a-t-il sur le terrain accès à un réseau électrique ? Quelles y sont les conditions climatiques, en termes de température et d'humidité ? Il est bon d'évaluer le poids et l'encombrement de l'équipement, surtout s'il est nécessaire d'accomplir à pied tout ou partie du voyage vers le terrain. Il faut enfin prendre garde aux contraintes administratives qui encadrent les activités de recherche dans certains pays et s'enquérir de la nécessité d'obtenir des permis de recherche, voire spécifiquement des permis d'enregistrer, de filmer et photographier.

Pour des missions de courte durée, certaines universités et institutions de recherche ou sociétés savantes prêtent des équipements. Dans le cas d'un tel prêt, il ne faut pas omettre de vérifier si le matériel mis à disposition est en bon état ; il est prudent de s'assurer avant le départ de son bon fonctionnement et de se familiariser avec son utilisation.

Le matériel audiovisuel disponible sur le marché évolue sans cesse et très rapidement. Il ne saurait donc être question ici de recommander tel type d'appareil d'enregistrement sonore, vidéo ou photographique plutôt qu'un autre. Le plus pratique est de se renseigner auprès de personnes qualifiées qui, de par leur activité professionnelle, se tiennent constamment informées. On peut également prendre l'avis de professeurs et / ou ethnomusicologues chevronnés ayant une expérience récente du travail de terrain. Une autre source d'information est l'internet, à condition d'avoir une idée précise de ce qu'on cherche, sans jamais être certain d'y trouver le matériel idéal. Certains sites de vente fournissent des informations utiles et des forums donnent accès à des avis d'utilisateurs. Mais seule l'expérience accumulée au fil des missions permet de sélectionner précisément ce qui est nécessaire à une enquête particulière. Enfin, si un équipement onéreux ne garantit pas automatiquement l'obtention de documents de haute qualité, il offre parfois des fonctionnalités qui permettent de mieux mettre en forme le produit final. Nous nous contenterons ici de présenter quelques points essentiels concernant l'enregistrement sonore, en mettant l'accent sur les caractéristiques fondamentales des différents types de microphones disponibles, avec leurs avantages et leurs inconvénients, car c'est en grande partie d'eux que dépend la qualité des enregistrements que le chercheur effectuera.

Enregistrement sonore

Les appareils d'enregistrement doivent pouvoir être alimentés sur piles ou accumulateurs (dans ce cas, il faut se soucier des possibilités de les recharger, ou se munir d'un chargeur solaire). Pour obtenir un résultat de qualité, leur bande passante doit se situer entre 40 et 15 000 hertz ou plus. Il existe deux types d'appareils : analogiques ou numériques. Aujourd'hui, on privilégie ces derniers : ils sont moins chers, plus faciles à manier, sujets à moins de distorsions et permettent d'enregistrer pendant infiniment plus longtemps que les appareils analogiques. Il faut toutefois se souvenir qu'on ne connaît pas encore la durée de vie des minidisques et cartes mémoires; il est donc prudent de faire systématiquement des copies sur divers supports de tout matériel stocké sur minidisque ou carte mémoire.

Microphones

Dans les limites du budget dont on dispose, il faut s'équiper de ce qu'il y a de mieux. En effet, le microphone est le premier élément qui intervient dans la chaîne de la prise de son; la qualité de ce que recueillera l'enregistreur ou de ce que, plus tard, les systèmes de traitement et d'édition du son produiront dépendra toujours de la qualité du signal originel. Par ailleurs, il est essentiel de s'assurer que l'impédance des microphones est compatible avec celle de l'appareil d'enregistrement qu'on utilise. La basse impédance (600 ohms ou moins) permet d'utiliser de long câbles de connexion avec l'enregistreur en occasionnant une faible perte de la qualité du son enregistré; un câble de haute impédance (10 000 ohms et plus) provoque, au-delà d'une longueur de six mètres environ, une interférence avec les éclairages au néon et d'autres sources.

Pour pouvoir enregistrer en stéréo, il est indispensable d'avoir au moins deux microphones identiques. Ils doivent être appropriés à la situation dans laquelle on enregistre, plein air ou intérieur. Il y a deux types de microphones : ceux dits dynamiques et ceux à condensateurs. Dans l'absolu, les seconds sont supérieurs aux premiers, car ils possèdent une large bande de fréquence, sont à même de capter des niveaux sonores faibles et ont un bon rapport signal / bruit. En revanche, ils nécessitent une alimentation électrique supplémentaire, sont très fragiles, facilement endommagés pour des raisons climatiques ou par de fortes intensités sonores, et ils coûtent cher. L'avantage des microphones dynamiques est d'être peu sensibles aux températures extrêmes et à l'humidité, de tolérer des niveaux sonores très élevés et d'être bon marché ; leur rendu est excellent s'ils sont positionnés relativement près de la source sonore. Pour le travail dans des conditions climatiques et environnementales difficiles (froid, chaleur, humidité, présence de sable ou de poussière), on privilégiera donc l'utilisation de microphones dynamiques.

Directionnalité

La directionnalité concerne les limites de l'espace dans lequel un microphone peut capter le son. Voici plusieurs types de microphones qui peuvent être utiles pour le travail de l'ethnomusicologue, avec leurs avantages et inconvénients respectifs :

- *omnidirectionnel* : il couvre 360° ; s'il peut s'avérer utile pour l'enregistrement de groupes (chœurs, ensembles instrumentaux), son inconvénient est de capter simultanément les bruits d'ambiance ;

– *unidirectionnel* : destiné à des enregistrements frontaux, il est efficace lorsque le son provient d'une source unique (notamment d'un seul individu) ; en outre, il amoindrit les bruits de fond indésirables ;
– *cardioïde* : il enregistre ce qui vient de face et des côtés ; la réverbération, les bruits d'ambiance et d'arrière-plan étant réduits, il permet une bonne discrimination de la source sonore (qu'il s'agisse de musiciens isolés ou de groupes) ;
– *microphone stéréo intégré* : ce système comprend deux microphones situés dans un même habitacle ; il est compact, facile à installer comme à déplacer et revient moins cher que deux microphones distincts ; en revanche, il est impossible de modifier leurs directions respectives, ce qui restreint la profondeur de champ de l'image sonore.

L'idéal serait de partir avec deux paires de microphones, l'une unidirectionnelle (pour capter des sources sonores uniques ou concentrées dans l'espace) et l'autre cardioïde (pour enregistrer des groupes) ; l'essentiel des besoins serait ainsi couvert et, en cas de panne, l'une pourrait remplacer l'autre…

Photographie

En ce qui concerne la photographie, il est préférable de choisir un appareil
– silencieux, afin qu'il n'introduise pas dans les enregistrements de bruits parasites (comme le repli du miroir dans un réflex) ; la plupart des appareils numériques émettent des tonalités intempestives, il faut penser à les déprogrammer ;

– qui possède à la fois la fonction « automatique » – pour les prises de vue dans des situations où on n'a pas le temps d'effectuer soi-même tous les réglages – et la fonction « manuelle » qui permet de sélectionner la mise au point, la vitesse, l'exposition, donc la profondeur de champ;
– qui soit doté d'un zoom ou puisse recevoir des objectifs de focales différentes;
– dans bien des cas, il est utile de se munir de filtres contre les rayons ultra-violets pour atténuer les trop fortes luminosités;
– enfin, il ne faut pas oublier d'emporter de quoi nettoyer les objectifs, les écrans, les viseurs, etc.

Si les appareils réflexs de grandes marques à objectifs interchangeables constituent toujours la référence, des appareils à viseur télémétrique (moins bruyants) donnent des clichés de qualité équivalente et certains bridges (à viseur électronique) possèdent des fonctionnalités et un zoom qui en font des appareils polyvalents d'un rapport qualité-prix satisfaisant.

Pense-bête : accessoires et supports pour enregistrements audio, vidéo et prises de vue

La liste ci-dessous tente de faire le tour des accessoires nécessaires et des précautions utiles pour travailler sur le terrain :
– des transformateurs électriques permettant de convertir différents voltages et types de courant;
– des accumulateurs de rechange, avec leur chargeur (puisqu'il n'existe malheureusement aucune standardisation de ce type de matériel);

- là où il n'y a pas de réseau électrique, il est bon d'avoir un petit groupe électrogène, ou tout au moins un chargeur solaire ;
- pour chaque paire de microphones, des bonnettes à vent de qualité optimale sont indispensables lorsqu'on enregistre en plein air ;
- plusieurs casques d'écoute avec un boîte de raccordement à un même enregistreur pour faire entendre aux experts locaux dans des conditions optimales le résultat des enregistrements, donc leur donner la possibilité de les évaluer et de les discuter ;
- emporter deux petits haut-parleurs pouvant être connectés à l'enregistreur afin que les musiciens d'un groupe – et éventuellement d'autres membres de la communauté – puissent entendre les enregistrements auxquels ils ont pris part ou assisté, et y réagir ;
- prévoir un enregistreur de poche à cassette ou à carte mémoire afin d'enregistrer les entretiens sans prendre de notes sur papier et en gardant un contact visuel avec les interlocuteurs ; ces enregistreurs constituent de précieux « carnets de notes sonores » et permettent de conserver une trace des événements musicaux lorsqu'il n'a pas été possible de déployer le matériel habituel ;
- s'assurer que l'on dispose des câbles adéquats pour les connexions entre les différents appareils que l'on utilise, et avec leurs accessoires respectifs ;
- en plus de l'appareil photographique « classique », il est utile de se munir d'un appareil à développement instantané (Polaroid ou Fujifilm Instax) ; il permet d'offrir sur le champ aux collaborateurs (Anciens, autorités,

musiciens, interlocuteurs, etc.) des souvenirs tangibles du travail commun ;
- pour tout ce qui concerne le matériel fongible (piles pour chaque type d'appareillage, films, cassettes, mini disques ou cartes mémoires et le papier pour l'appareil à développement instantané) qu'il n'est pas toujours possible de se procurer sur place, il faut prévoir avant le départ les quantités nécessaires en fonction de la durée du travail sur le terrain, sans hésiter à la surévaluer, de manière à ne pas se trouver pris au dépourvu en cours de mission.

Trépied, monopied, poignées

Un trépied est utile pour assurer la stabilité des microphones, d'une caméra vidéo ou d'un appareil photographique ; pour être solide et stable, il ne doit pas être trop léger. Le monopied, plus maniable, est destiné à des situations qui ne permettent pas l'emploi d'un trépied, notamment lorsqu'il y a cohue et mouvement autour de soi ; il assure plus de stabilité à une caméra ou un appareil photo que la tenue à la main.

Si l'on veut travailler en tenant les microphones à la main – ce qui permet une certaine mobilité et donne plus de relief à l'image sonore –, il faut disposer d'une poignée avec une barrette pour positionner les deux microphones. Cela permet de maintenir les deux microphones stéréo dans une position horizontale stable, « jumelée », mais il faut faire attention à ce qu'ils conservent *le même axe* durant tout l'enregistrement, sous peine d'altérer l'effet stéréophonique.

Protection des appareils et des documents enregistrés

Il est prudent d'emporter deux appareils enregistreurs : cela permet de faire, sur le terrain même, des copies de sauvegarde des documents enregistrés et offre une solution de rechange si l'un d'eux tombe en panne; lorsque l'on enregistre directement sur un ordinateur, il faut alors le compléter par un disque dur externe; il est souvent prudent, lorsque les conditions le permettent, d'envoyer les données les plus importantes à son adresse électronique ou à un site de sauvegarde en ligne, ces données seront ainsi préservées en cas de vol ou de perte du matériel. Dans des climats rudes et des atmosphères difficiles (température, humidité, poussière en particulier lors des trajets sur piste) le matériel doit être soigneusement protégé; tout ce qui est fragile sera empaqueté dans du papier bulle; tout le matériel sera placé pendant le transport et sur le lieu de l'enquête, lorsqu'il n'est pas utilisé, dans des conteneurs hermétiques.

AUTORISATIONS

Selon les pays, l'encadrement administratif de la recherche est plus ou moins strict. Dans certains cas, aucune autorisation n'est exigée; dans d'autres, sans doute les plus nombreux, il n'est possible de mener une enquête qu'après obtention d'un permis. Il faut donc s'enquérir de ces conditions auprès de la représentation diplomatique du pays dans lequel on souhaite travailler, ou auprès de collègues et d'enseignants qui en ont l'expérience. Nous ne saurions trop conseiller à l'ethnomusicologue de respecter les lois et règlements des pays dans lesquels il veut se rendre; de même qu'il doit en général se conformer aux recommandations du ministère français des Affaires étrangères concernant les possibilités, ou les risques, de voyager et de séjourner dans certaines régions. Toutefois, comme l'exemple de « l'enterrement somba » relaté plus haut l'a montré, lorsque le chercheur se trouve dans une situation où permis et autorisations ne peuvent être obtenus, il est souvent possible d'imaginer des stratégies qui permettent, non de violer la loi, mais de contourner certaines pesanteurs bureaucratiques. Dans ce cas précis, Simha Arom a effectivement négocié avec le représentant de l'autorité afin de pouvoir enregistrer de la musique somba. Dans un premier temps, le sous-préfet de Kouandé lui avait proposé de faire venir les musiciens au chef-lieu, ce qui n'aurait guère été propice à la collecte de la musique telle qu'elle se pratique *in situ*. Le sous-préfet craignait en fait que le voyageur soit seulement désireux, comme certains Européens, de photographier des hommes vêtus de leur seul étui pénien. Pour déjouer cette suspicion, l'ethnomusicologue suggéra au fonctionnaire de lui recommander un guide-interprète qui, contre rémunération évidemment, l'accompagnerait en pays somba. Ce qui revenait à dire au représentant de l'État : « Je vous donne l'occasion, en vous évitant d'avoir à me l'imposer, de me mettre sous la surveillance de quelqu'un en qui vous avez confiance ». C'est ainsi que le sous-préfet indiqua à Arom un instituteur originaire d'un village somba, Jules Owanri, qui fournit de remarquables traductions et commentaires des textes, souvent ésotériques, liés à l'événement.

Il est des lieux où résoudre le problème du logement n'est pas facile, d'autant moins que le choix de la résidence temporaire n'est pas anodin. En règle générale, il vaut mieux éviter de se faire héberger par des autorités administratives, diplomatiques ou religieuses : il s'agit d'afficher d'emblée l'indépendance du chercheur afin que les musiciens, les experts locaux et d'autres acteurs de la vie musicale ne fassent pas d'amalgame entre le chercheur et l'une ou l'autre autorité. Le fait d'être assimilé à un représentant du pouvoir peut susciter la méfiance de certaines personnes ; être associé à une religion n'est guère mieux, pour des raisons différentes : les informations concernant des pratiques que réprouve telle ou telle confession risquent fort de ne pas être communiquées à un chercheur soupçonné d'en partager les convictions. L'idéal est de pouvoir résider en « terrain neutre », quitte à faire du camping ou à se faire construire une hutte pour la durée du séjour.

S'ÉVADER DU TERRAIN

Sur le terrain, il est fréquent de se trouver plongé dans un milieu culturellement différent et dont on ne connaît pas toujours la langue, dans un climat auquel on n'est pas accoutumé, confronté à une nourriture différente, souvent monotone sinon spartiate, à tout cela il faut s'adapter. Lorsqu'on est seul, loin de chez soi, les soirées paraissent longues, en particulier lors d'un séjour prolongé dans des lieux démunis de réseau électrique. On peut alors être pris de nostalgie, d'apathie, de mélancolie, voire de dépression… Cela d'autant plus lorsque le travail, pour diverses raisons, rencontre des difficultés, qu'il s'agisse des relations avec les autorités locales, les membres de la communauté ou les personnes avec lesquelles on travaille, ou que le tempo auquel se déroule l'enquête paraisse trop lent, ou encore que ses résultats semblent décevants. Dans tous les cas, après une journée de travail, au cours de laquelle il a fallu être constamment attentif, concentré, afin qu'aucune information n'échappe à la vigilance, il importe de pouvoir se « reconstituer ». Pour ce faire, quoi de mieux qu'un livre, un CD, un DVD ou, maintenant, une tablette, qui présente en outre l'avantage, grâce aux réseaux de téléphone cellulaires ou satellitaires, de maintenir un contact avec le monde extérieur ? Aussi faut-il prévoir, avant le départ, de se munir de la « nourriture de survie mentale » de son choix en quantité directement proportionnelle à la durée du séjour sur le terrain. Là où il n'y a pas d'électricité, une lampe frontale à pile servira aussi bien pour vaquer à des occupations matérielles, pour éclairer son chemin les soirs sans lune, que pour pouvoir rester actif une fois la nuit tombée, travailler ou lire pour se détendre.

Terrain : le retour ?

Aller effectuer des enquêtes sur le terrain ne se décide pas seulement en fonction d'impératifs scientifiques, mais aussi et surtout faudrait-il malheureusement écrire, en fonction de possibilités de financement. Il est parfois possible d'obtenir des fonds pour une enquête, sans que le chercheur soit assuré de pouvoir ultérieurement revenir sur le terrain pour la compléter. Il existe donc des situations où il vaut mieux agir comme si l'on ne devait pas retourner sur les lieux où se déroule l'investigation. Dans ce cas, une vigilance extrême est de rigueur pour s'assurer que les matériaux essentiels à la recherche sont effectivement collectés du premier coup.

Il est évidemment plus fructueux, après une première mission, à la suite de l'évaluation des éléments recueillis et des nouvelles questions qu'ils ont suscitées, de pouvoir repartir sur le terrain. La familiarité acquise lors du ou des précédents séjours facilite le travail, une complicité nouée avec des interlocuteurs se consolide, le retour du chercheur apparaît également comme un gage de sa sincérité et de son engagement à faire connaître les musiques locales, d'autant plus qu'il rapporte des « souvenirs » (enregistrements, photos) de son précédent passage. Au cours des terrains complémentaires, il est ainsi possible de faire valider (ou invalider) les analyses conduites à partir des collectes antérieures par les experts – musiciens, Anciens, spécialistes – locaux (donc d'interroger les théories qui les sous-tendent), de recueillir des informations complémentaires et notamment de compléter un corpus qui s'est révélé insuffisant ou d'enregistrer à nouveau des pièces déjà collectées de manière à en comparer différentes versions. C'est l'occasion de corriger des transcriptions, voire des traductions de textes, de rectifier les terminologies. En outre, si la nouvelle mission a lieu un certain temps après la première, ou s'il a été possible de renouveler des missions sur le même terrain au cours d'une longue période, les musiques et les informations recueillies lors de chacune de ces visites composent un corpus diachronique susceptible de conduire à une analyse des changements (et de leur nature) ou des permanences. Même lorsque la recherche a dû se limiter à un unique séjour, il est bon de rester en contact autant que faire se peut avec les interlocuteurs rencontrés à cette occasion. Sauf dans les cas où ces personnes vivent à l'écart des grands moyens de communication, les technologies modernes rendent le maintien de ce lien relativement aisé : le téléphone (surtout portable), l'internet (parfois niché dans des cafés ou de petites boutiques) pénètrent maintenant dans des zones qui, naguère, connaissaient un grand isolement.

BIBLIOGRAPHIE

Manuels

DOURNON, Geneviève, *Guide pour la collecte des musiques et instruments traditionnels*, Paris, Éditions UNESCO, 1996.

HERNDON, Marcia et MCLEOD, Norma, *Field Manual for Ethnomusicology*, Norwood (PA), Norwood Editions, 1983.

TOPP FARGION, Janet (dir.), *A Manual for Documentation Fieldwork & Preservation for Ethnomusicologists*, Bloomington, Indiana University Press / The Society for Ethnomusicology, 2001.

Relations campagnes-villes

COPLAN, David B., *In Township Tonight! South Africa's Black City Music and Theatre*, Chicago, The University of Chicago Press, 2008.

MALLET, Julien, *Le Tsapiky, une jeune musique de Madagascar : ancêtres cassettes et bals-poussière*, Paris, Karthala, 2009.

WATERMAN, Christopher A., *Jùjú : A Social History and Ethnography of an African Popular Music*, Chicago, The University of Chicago Press, 1990.

WHITE, Bob W., *Rumba Rules : The Politics of Dance Music in Mobutu's Zaire*, Durham, Duke University Press, 2008.

Dictionnaires spécialisés

SADIE, Stanley et TYRRELL, John (dir.), *The New Grove Dictionary of Music and Musicians*, 29 vol., London, Macmillan Reference, 2001.

FINSCHER, Ludwig (dir.), *Die Musik in Geschichte und Gegenwart*, édition révisée, 18 vol., Kassel, Bärenreiter, 1994-2008.

CHAPITRE III

QUESTIONS D'ÉTHIQUE

L'intérêt croissant porté en dehors des cercles ethnomusicologiques aux musiques de transmission orale, aux musiques dites « traditionnelles », a eu l'effet paradoxal de compliquer leur collecte et leur conservation. Depuis le milieu des années 1960, des artistes et des producteurs de musiques commerciales ont exploré les possibilités d'intégrer dans leurs créations des éléments empruntés à des musiques non occidentales. Si, en 1965, l'inclusion d'un sitar dans des enregistrements des Kinks ou des Beatles ne semblait pas tirer à conséquence, elle ne fut que le signe avant-coureur d'un mouvement qui se développa grâce aux possibilités nouvelles offertes par l'échantillonnage et des techniques de montage de plus en plus élaborées. Certains de ces « bidouillages » réalisés en studio, combinant des sons produits par des musiciens pop ou rock et d'autres électroniquement concoctés à des extraits de disques ethnomusicologiques, connurent de grands succès de vente qui rapportèrent à leurs auteurs des profits considérables dont les musiciens originellement enregistrés sur le terrain ne touchèrent pas la moindre part, quand ils n'étaient tout simplement pas mentionnés. De tels scandales ont été dénoncés. Hugo Zemp en 1996 puis Steven Feld en 2000 ont, en particulier, dévoilé les procédés employés par le duo français Deep Forest[1] qui utilisa, entre autres, des extraits de *Rorogwela*, interprété par une chanteuse des îles Salomon, Afunakwa, enregistrée par Zemp[2], pour produire une « Sweet Lullaby » qui se vendit fort bien et fut réutilisée dans diverses publicités. En ce cas, au non-respect des règles du droit de la propriété artistique s'était ajouté l'affirmation, inexacte, de l'accord de Zemp[3]. Ce cas n'est pas unique, mais, selon Sherylle Mills, il fournit un « excellent exemple de la vulnérabilité alarmante des musiques non-occidentales dans le monde actuel de la musique commerciale »[4]. Il met en évidence les dangers que comporte l'utilisation des restitutions de recherches ethnomusicologiques pour satisfaire une mode d'exotisme musical extrêmement lucrative qui sous-tend les produits labellisés *world music* ou « musiques du monde ». Cette mode vient colorer des chansons pop et sert de décor sonore suggestif à des clips publicitaires.

---

1. Duo Deep Forest, *Deep Forest*, New York, 550 Music/Epic (BK57840), 1992.

2. Hugo Zemp, *Solomon Islands. Fataleka and Baegu Music of Malaita*, enregistrements, photos, texte de pochette, Paris, UNESCO / Auvidis (D 8027), 1973.

3. De la même manière, les auteurs du CD *Deep Forest* prétendirent avoir recueilli l'assentiment, jamais donné, de Simha Arom, pour l'utilisation de certains de ses enregistrements de musique pygmée.

4. Sherylle Mills, « Indigenous Music and the Law : An Analysis of National and International Legislation », *Yearbook for Traditional Music*, vol. 28, 1996, p. 57-86, ici p. 60.

Circulation des musiques et droits de propriété

De ce fait, l'idée que les enregistrements effectués par des ethnomusicologues sont susceptibles de circuler largement et de rapporter gros tend à se répandre jusqu'aux contrées les plus reculées et suscite parfois la méfiance à l'égard des chercheurs, soupçonnés de « piller » les cultures locales pour s'enrichir en les dénaturant. La « schizophonie » (Steven Feld) permise par l'enregistrement – la dissociation entre les musiciens et la musique qu'ils créent –, l'intensification et l'accélération de la circulation des musiques provoquées d'abord par la radio et la télévision puis par l'internet, les possibilités de s'approprier ces musiques, de les mêler et de les retravailler fournies par les techniques électroniques et informatiques font que pratiquement tous les sons enregistrés sont devenus accessibles. Cette disponibilité soulève des questions que les ethnomusicologues avaient, dans un passé encore récent, tendance à éluder. Anthony Seeger considère ainsi que

> les ethnomusicologues n'ont pas attaché assez d'importance aux questions de droits d'auteur et aux points de vue locaux sur la manière dont il convenait de contrôler la diffusion des connaissances[5].

Il affirme que les premiers ont péché par

> prédisposition théorique à ignorer dans [leurs] recherches les concepts juridiques portant sur la musique, par réélaboration non critique (et peut-être inconsciente) des principes fondant au XXe siècle le droit de la propriété

5. Anthony Seeger, « L'éthique et le droit d'auteur en musique », *Cahiers d'ethnomusicologie*, vol. 24, 2011, p. 11-25, ici p. 12.

> intellectuelle [*copyright*] et par manque de réflexion sur la globalisation de l'économie mondiale et ses implications pour les objets de [leurs] recherches [6].

Plus qu'un manque d'intérêt des ethnomusicologues pour les questions de droit, le diagnostic sévère de Seeger souligne que les pratiques passées - fondées sur la confiance mutuelle établie au cours de l'enquête de terrain entre le chercheur et ses interlocuteurs et sur un certain pragmatisme non régulé par des textes dans la remise des bénéfices matériels éventuels (et rares) tirés des produits de la recherche - ne peuvent plus être poursuivies comme avant [7].

Les ethnomusicologues ont en effet été pris dans la contradiction qui existe entre la réalité historique de la circulation, de l'échange et de l'emprunt des musiques et l'apparition de droits de la propriété intellectuelle et artistique qui aboutissent à restreindre circulation, échange et emprunt libres. Qu'il s'agisse de Johann Sebastian Bach, de Charles Ives ou d'autres compositeurs dits « classiques », de rap, de techno, de chanson populaire indienne, ou de musique de transmission orale [8], emprunts, imitations, paraphrases,

6. Anthony Seeger, « Ethnomusicology and Music Law », dans Bruce Ziff, Pratima V. Rao (dir.), *Borrowed Power : Essays on Cultural Appropriation*, New Brunswick, Rutgers University Press, 1997, p. 52-67, ici p. 53.

7. Voir les dossiers consacrés à ces questions dans *Cahiers d'ethnomusicologie*, vol. 24, 2011 ; *Em : rivista degli archivi di etnomusicologia dell'Accademia nazionale di Santa Cecilia*, vol. 1 : *World Music, Globalizzazione, Identità Musicali*, Diritti, Profiti, 2003.

8. Voir, par exemple, la section : « Les chansons rendille des Gabra » dans le chapitre 1 de cet ouvrage.

parodies[9] ont partout et toujours fourni des matériaux que l'imagination créative pouvait retravailler. Mais l'adjonction à la loi sur la propriété littéraire[10] d'une loi sur le *copyright* musical en 1831 aux États-Unis devait avoir des conséquences cruciales. L'individualisation de la notion d'auteur, la singularisation de l'œuvre dans le droit, sans compter l'obligation faite pendant longtemps de déposer l'œuvre par écrit, ignoraient un très ample pan – le plus grand probablement – de la production musicale : les musiques dites « traditionnelles », de transmission orale et non écrites[11], les musiques improvisées comme le jazz, mais aussi nombre de musiques « actuelles » dans lesquelles la composition et l'exécution reposent sur un art de la combinatoire qui exige l'emprunt. Seeger énumère les implications pour l'ethnomusicologie des textes régissant aujourd'hui la « propriété artistique » :

> Les lois sur le *copyright* appliquées aujourd'hui reposent sur plusieurs présupposés culturels, dont quatre sont au centre des problèmes auxquels doivent faire face les

9. Dans le sens ancien aujourd'hui tombé en désuétude, la parodie est un texte composé pour être chanté sur une musique connue, sans connotation satirique ou péjorative.

10. Cette législation a été instituée, d'après Michel Foucault, autant pour punir les individus coupables d'écrits « subversifs » que pour protéger leur « propriété » littéraire (Michel Foucault, « Qu'est-ce qu'un auteur ? [1969] » ; repris dans *Dits et écrits*, vol. 1, Paris, Gallimard, 1994, p. 789-821, ici p. 799).

11. Même lorsque la notion de propriété existe dans une culture de l'oralité, celle-ci se trouve généralement en total décalage avec celle qui prévaut dans le droit de la propriété artistique : « Dans le cas des Suyá du Brésil, comment déposer une chanson composée par un jaguar, apprise d'un captif il y a deux cents ans et contrôlée non pas par un individu mais par une moitié cérémonielle ? » Anthony Seeger, « Ethnomusicologists, Archives, Professional Organizations, and the Shifting Ethics of Intellectual Property », *Yearbook for Traditional Music*, vol. 28, 1996, p. 87-105, ici p. 90.

> ethnomusicologues. En premier lieu, ces lois sont conçues à partir du concept de créativité individuelle – les individus déposent les produits de leur propre création. En second lieu, elles sont basées sur l'idée que cet individu doit recevoir compensation pour l'utilisation de ses œuvres pendant une période de temps limitée, mais qu'au-delà elles tombent dans le domaine public. Troisièmement, ces lois laissent dans le flou le statut de l'arrangement des « chansons traditionnelles ». Quatrièmement, le *copyright* porte sur des pièces [non sur des répertoires, des styles ou des genres] [12].

ÉTATS ET « COMMUNAUTÉS »

De fait, les textes de loi existants se sont révélés totalement inadaptés aux conceptions et aux pratiques musicales qui prévalent aussi bien dans les sociétés de l'oralité que chez nombre de créateurs contemporains. Depuis les années 1960, des efforts ont été faits pour tenter de trouver des solutions qui tiendraient compte des spécificités de ces conceptions et pratiques et, notamment, permettraient de mieux protéger les œuvres émanant de sociétés vulnérables, dont les musiciens ont peu de moyens pour se défendre face aux puissances de l'industrie du divertissement. Le point de départ de ces initiatives fut fourni par la Convention de Berne sur la protection des œuvres littéraires et artistiques, adoptée en 1886, seule règle internationale un tant soit peu contraignante portant sur les musiques traditionnelles. Mills constate que,

12. Seeger, « Ethnomusicology and Music Law », p. 60.

> Malheureusement, la Convention de Berne s'attache à assurer la souveraineté locale sur le sort des musiques traditionnelles et non-occidentales, plutôt que de mettre celle-ci sous le contrôle des communautés qui les produisent[13].

Dans cette perspective, certains gouvernements ont adopté des législations visant à contrôler l'utilisation des musiques non écrites pratiquées sur leur territoire. Deux cas illustrent les types de mesures mises en œuvre pour ce faire : d'un côté, le Sénégal a décrété la nationalisation de toutes les musiques traditionnelles et les a donc placées sous la tutelle de l'État ; de l'autre, le Brésil a voulu mettre en place des cadres juridiques protégeant les productions culturelles des communautés en reconnaissant le statut d'auteur à des collectivités indigènes dont les droits sont garantis par les autorités fédérales[14].

Au plan multinational, l'UNESCO a élaboré en 1985 un modèle de loi proposé aux États afin de protéger les « expressions du folklore »[15], tandis que l'Organisation mondiale de la propriété intellectuelle (OMPI / WIPO) mettait au point la même année un « Avant-projet de traité pour la protection des expressions du folklore contre son exploitation illicite et autres actions préjudiciables »[16] ; un certain nombre

---

13. Mills, « Indigenous Music and the Law : An Analysis of National and International Legislation », p. 76.

14. *Ibid.*, p. 70-75.

15. WIPO / UNESCO, *Model Provisions for National Laws on the Protection of Expressions of Folklore*, http://www.wipo.int/wipolex/en/text.jsp?file_id=184668, consulté le 21 avril 2014.

16. WIPO / UNESCO group of experts, *Draft Treaty for the Protection of Expressions of Folklore Against Illicit Exploitation and Other Prejudicial Actions*, http://www.copyrightnote.org/statute/cc0014.html, consulté le 17 mars 2014.

de textes ont été par la suite adoptés par l'UNESCO, en particulier la Convention pour la sauvegarde du patrimoine culturel immatériel de 2003 [17]. En 2006, l'Assemblée générale de l'ONU adoptait une « Déclaration sur les droits des peuples autochtones » qui, en son article 31, proclamait :

> 1. Les peuples autochtones ont le droit de préserver, de contrôler, de protéger et de développer leur patrimoine culturel, leur savoir traditionnel et leurs expressions culturelles traditionnelles ainsi que les manifestations de leurs sciences, techniques et cultures, y compris leurs ressources humaines et génétiques, leurs semences, leur pharmacopée, leur connaissance des propriétés de la faune et de la flore, leurs traditions orales, leur littérature, leur esthétique, leurs sports et leurs jeux traditionnels et leurs arts visuels et du spectacle. Ils ont également le droit de préserver, de contrôler, de protéger et de développer leur propriété intellectuelle collective de ce patrimoine culturel, de ce savoir traditionnel et de ces expressions culturelles traditionnelles ;
> 2. En concertation avec les peuples autochtones, les États prennent des mesures efficaces pour reconnaître ces droits et en protéger l'exercice [18].

En 2010, l'OMPI affirmait qu'il fallait trouver les moyens pour

> répondre aux besoins réels des communautés : être guidé par les aspirations et les attentes exprimées directement

17. UNESCO, *Convention pour la sauvegarde du patrimoine culturel immatériel*, http://unesdoc.unesco.org/images/0013/001325/132540f.pdf, consulté le 17 mars 2014.

18. Nations Unies, *Déclaration des Nations Unies sur les droits des peuples autochtones*, http://www.un.org/esa/socdev/unpfii/documents/DRIPS_fr.pdf, consulté le 17 mars 2014.

> par les peuples et communautés autochtones et par les communautés traditionnelles et autres communautés culturelles[19].

Ces textes et beaucoup d'autres sont construits autour d'une conception idéaliste, sinon franchement primitiviste, des « communautés » et des « peuples » dont les travaux anthropologiques conduits depuis plus de cinquante ans ont démontré le caractère erroné, conception que dénote aussi l'emploi non critique de termes comme « folklore » ou « tradition ». L'UNESCO, l'OMPI, l'ONU raisonnent comme si les entités sociales qualifiées de « communautés » ou de « peuples » – sans que ne soient jamais précisés leur circonscription ni leur type d'organisation – étaient parfaitement homogènes et harmonieuses, parlaient d'une seule voix pour exprimer « directement » un consensus « naturel ». Or, toutes les sociétés humaines sont parcourues de compétitions et structurées par des différences (de sexe, d'âge, de statut social) qui font du droit à la parole, en particulier du droit à exprimer une volonté supposée commune, des enjeux de pouvoir. Comme l'a constaté, par exemple, Jessica De Largy Healy à propos de l'Australie :

> Dans une société dont le système religieux est basé sur la révélation et est caractérisé par le secret [...], l'accès au savoir et sa circulation présentent des enjeux politiques et rituels complexes, au cœur même des stratégies de formation des groupes et des alliances contemporaines[20].

19. Cité dans Seeger, « L'éthique et le droit d'auteur en musique », p. 19.

20. Jessica De Largy Healy, « Pour une anthropologie de la restitution : archives culturelles et transmissions des savoirs en Australie », *Cahiers d'ethnomusicologie*, vol. 24, 2011, p. 45-65, ici p. 60.

Il n'est donc pas étonnant que l'extension de la protection des droits des « communautés » et des « peuples » indigènes ou autochtones ait suscité des luttes pour acquérir des positions privilégiées de porte-parole, de représentant des communautés, de telle sorte que la reconnaissance de droits collectifs aboutit parfois à permettre à des individus de monopoliser à leur profit des positions de pouvoir et / ou des avantages matériels.

De la même manière, la patrimonialisation des productions culturelles immatérielles a quelquefois eu des effets pervers : figement de pratiques en spectacles ossifiés, commercialisation de « traditions » qui devaient être protégées, légitimation de pouvoirs d'État contestés[21]. En outre, ces textes donnent aux États un rôle central dans la délivrance des autorisations de recherche et d'enregistrement et ne prévoient aucun mécanisme pour le versement des droits éventuellement collectés aux musiciens eux-mêmes; or, dans bien des cas, on peut craindre que ces versements ne soient jamais effectués. Philippe Aigrain fait état de critiques sévères formulées par des organisations non gouvernementales à l'égard de ces textes et initiatives :

> Du fait de son cadre de pensée, l'OMPI a proposé de traiter cette question des droits communautaires par l'attribution de titres de propriété similaires aux brevets ou aux droits exclusifs d'auteur. Il s'est ensuivi de nombreuses critiques de la part des ONG de développement et de pays du Sud. Ces critiques soulignaient que les approches propriétaires ne bénéficient qu'aux puissants qui ont les moyens de faire

21. Lucia Campos, « Sauvegarder une pratique musicale? Une ethnographie du samba de roda à la World Music Expo », *Cahiers d'ethnomusicologie*, vol. 24, 2011, p. 143-155, ici p. 151.

> respecter les restrictions, et que leur usage risquait de donner lieu à des détournements lorsque des acteurs administratifs ou privés s'approprieraient les bénéfices d'accords d'exploitation qu'ils passeraient au nom des communautés[22].

Enfin, il s'avère que les textes adoptés, les mesures prises, les programmes mis en place sont inadaptés aux pratiques et aux produits qu'ils visent à préserver. Ils peinent en effet à définir des mécanismes qui les maintiendraient vivants – c'est-à-dire qui leur permettraient de continuer à évoluer et à entrer dans des réseaux d'échange non dommageables, comme cela a toujours été le cas hors des circuits commerciaux – tout en les défendant de l'avidité des forces qui aspirent à en tirer un profit financier. Il importe en effet au plus haut point que la protection des musiques de transmission orale, leur « mise en concert » comme leur « mise en patrimoine » soient conçues « comme des interventions qui engendrent nécessairement des transformations et [de] considérer les transformations comme vitales au processus de sauvegarde »[23].

Pistes de recherche

L'OMPI a d'ailleurs reconnu l'impuissance du droit à réguler l'emploi de ce que Laurent Aubert nomme « musique de l'Autre » dans un univers dominé par un libéralisme économique sauvage. Il vaut la peine de citer longuement les constats rédigés par son Comité intergouvernemental de

22. Philippe Aigrain, « Le contexte politique et culturel des droits intellectuels », *Gradhiva*, nº 12, 2010, p. 159-174, ici p. 173.

23. Campos, « Sauvegarder une pratique musicale ? Une ethnographie du samba de roda à la World Music Expo », p. 151.

la propriété intellectuelle relative aux ressources génétiques, aux savoirs traditionnels et au folklore :

> Il ressort de l'expérience acquise en ce qui concerne la protection des expressions culturelles traditionnelles ou expressions du folklore qu'il paraît improbable d'arriver à un modèle unique ou universel qui permette de protéger les expressions culturelles traditionnelles dans leur ensemble d'une façon qui réponde aux priorités et qui corresponde à l'environnement juridique et culturel au niveau national ainsi qu'aux besoins des communautés traditionnelles de tous les pays. Il existe différentes formes d'expressions créatrices traditionnelles et divers moyens coutumiers de réglementer leur usage, leur transmission, leur protection et leur conservation. Des tentatives visant à codifier et institutionnaliser la protection de l'« identité culturelle » ont été considérées comme peu souhaitables et il est préférable d'adopter une approche souple et sans exclusive. Une organisation autochtone a parfaitement résumé la question : « Toute tentative de concevoir des directives uniformes pour la reconnaissance et la protection des savoirs des peuples autochtones risque de provoquer la désintégration de cette riche diversité jurisprudentielle en un *modèle unique* qui ne correspondra pas aux valeurs, aux conceptions ni aux lois d'une quelconque société autochtone » (Conseil des points cardinaux, *Forests, Indigenous Peoples and Biodiversity*, communication au Secrétariat de la CDB, 1996). Des dispositions relatives à la protection des expressions culturelles traditionnelles ou expressions du folklore adoptées au niveau international devront aussi tenir compte de la diversité législative et jurisprudentielle dans le cadre des orientations actuelles aux niveaux national et régional. L'expérience a notamment montré qu'une combinaison de mesures, associant exclusivité et non-exclusivité et faisant appel à de nouvelles solutions distinctes aussi bien qu'à l'adaptation de droits de propriété intellectuelle existants,

> permettra plus sûrement d'atteindre les objectifs de la protection[24].

Et l'OMPI d'appeler à la continuation des recherches dans ce but :

> Certaines questions ont été notées comme exigeant un examen plus approfondi [...] :
> i) les notions traditionnelles de propriété collective et la nature non unitaire de la « propriété » traditionnelle ;
> ii) le manque d'homogénéité dans les lois coutumières suivies par les différents propriétaires traditionnels au sein des communautés et entre elles ;
> iii) les effets défavorables que les systèmes de protection juridique des expressions culturelles pourraient avoir sur les communautés autochtones, qu'elles soient traditionnelles ou urbaines, et sur leurs œuvres artistiques ;
> iv) la relation entre les systèmes coutumiers de protection et la protection simultanée fournie par les lois en vigueur sur la propriété intellectuelle[25].

Dans un monde idéal, la solution consisterait probablement à placer toutes les productions musicales sous le statut de « biens communs » (*common goods*), sous des licences *creative commons*[26] qui permettraient un retour à la circulation sans entraves des œuvres musicales et à leur libre appropriation à des fins créatives, ce que pratiquent entre

24. OMPI, *Comité intergouvernemental de la propriété intellectuelle relative aux ressources génétiques, aux savoirs traditionnels et au folklore*, neuvième session, Genève, 24-28 avril 2006, p. 4-5.

25. OMPI, *Comité intergouvernemental de la propriété intellectuelle relative aux ressources génétiques, aux savoirs traditionnels et au folklore*, troisième session, Genève, 13-21 juin 2002, p. 68-69.

26. Voir http://creativecommons.fr/licences/, consulté le 21 avril 2014.

pairs la plupart des DJs de la techno[27]. Resterait à assurer, puisque le monde réel est structuré par des inégalités de grande ampleur, les intérêts des plus démunis. Or ni le droit existant, ni les adaptations qui en ont été faites – au Brésil, par exemple – afin de défendre la propriété des « communautés » sur leurs productions culturelles ne fournissent de solutions satisfaisantes. Aigrain suggère donc de placer les patrimoines communautaires sous un statut de « biens communs » en même temps que

> serait reconnu un droit des communautés à obtenir des revenus ou d'autres formes de bénéfice lorsque les usagers de ces biens communs les utilisent dans des activités économiques ou comme points de départ pour d'autres innovations », ces revenus étant placés dans un « fonds garant, initialement alimenté par les États, puis constitué par des prélèvements sur les bénéfices d'usage[28].

Dans l'immédiat, d'une part, il semble que la mise en place de ce système relève encore de l'utopie, de l'autre celui-ci repose à nouveau sur une conception discutable de la « communauté »; en pratique, les acteurs – musiciens, producteurs, ethnomusicologues, archivistes – sont contraints d'improviser des bricolages *ad hoc* où entrent solutions informelles (aller verser de la main à la main à ceux qui ont été enregistrés des sommes résultant de l'utilisation publicitaire

---

27. « Le compositeur techno se désapproprie sciemment et par essence de sa production, destinée à être mixée, recomposée en live et de manière improvisée par d'autres [...]. La notion de droit d'auteur est donc fondamentalement remise en question par le principe même de la pratique de cette musique, reposant sur l'acceptation de facto par son créateur d'être dépossédé ». Guillaume Kosmicki, « Musique techno, mix, sample, un défi à la notion de propriété », *Gradhiva*, n° 12, 2010, p. 99-115, ici p. 110.

28. Aigrain, « Le contexte politique et culturel des droits intellectuels », p. 173.

de musiques traditionnelles) et recours juridiques (comme dans le cas de la chanson sud-africaine « Mbube » – « Le lion est mort ce soir ») [29].

SUR LE TERRAIN ET APRÈS

Pour le moment, aucune solution satisfaisante n'a donc été trouvée pour protéger à la fois le droit à la recherche des ethnomusicologues et le droit des musiciens à contrôler l'usage qui est fait de leurs créations. Les formulaires de consentement (à faire signer ou enregistrer par les musiciens) rendus obligatoires par certains États et institutions, les Comités chargés de vérifier l'observance de codes éthiques supposés assurer que les recherches sont effectuées dans le respect de la dignité humaine sont souvent inadaptés aux réalités du travail de terrain et en arrivent à constituer des entraves à l'investigation sans que le respect des personnes et la protection de leurs œuvres ne soient mieux garantis.

Frédéric Léotar considère que, plus que des codes – voire des lois rigides – c'est de formation qu'ont besoin les ethnomusicologues ; il suggère donc que des bases de droit de la propriété artistique soient introduites dans les cours d'ethnomusicologie, en même temps qu'y seraient discutées les questions éthiques soulevées par la recherche. Sur le terrain,

> le rôle du chercheur est d'expliquer simplement les motifs de sa recherche, au moins dans ses grandes lignes. Il ne s'agit ni plus ni moins que d'une question de respect élémentaire envers les personnes acceptant de donner de leur temps, et

29. Voir Rian Malan, « Where Does the Lion Sleep Tonight? », *Rolling Stone*, 25 mai 2000, http://www.3rdearmusic.com/forum/mbube2.html, consulté le 29 mars 2014.

> d'humilité de la part du chercheur faisant face à un éventuel refus[30].

C'est à peu près le point de vue que défend également Nathalie Fernando :

> Aucun cadre théorique de « l'éthique de terrain » ne pourra intégralement convenir à toute démarche de recherche en tant que telle, et [...] cette dernière devra plutôt se munir de garde-fous que de règles générales[31].

En effet, c'est la relation à l'Autre qui conditionne l'enquête, et l'explication des buts de l'investigation est constitutive de cette relation. Tout comme elle se construit également à partir de la différence qui existe entre l'ethnomusicologue et ses interlocuteurs; prétendre la masquer, outre que cela est infaisable, serait nuisible, car, en dehors d'elle, l'échange et le partage deviennent impossibles[32]. La plupart des ethnomusicologues convergent sur ces points, Aubert et Seeger, entres autres. Pour Aubert :

> Il est alors de la responsabilité du collecteur d'expliquer le sens de sa démarche aux musiciens avec lesquels il travaille, ainsi que de détailler les garanties et les éventuels avantages que peuvent offrir la publication et la diffusion d'une musique hors de ses frontières culturelles ordinaires[33].

---

30. Frédéric Léotar, « Réflexion sur les enjeux éthiques de la collecte en ethnomusicologie », *Cahiers d'ethnomusicologie*, vol. 24, 2011, p. 27-43, ici p. 39.

31. Nathalie Fernando, « Brèves de terrain : questions sur l'éthique de la recherche en ethnomusicologie », *Cahiers d'ethnomusicologie*, vol. 24, 2011, p. 101-122, ici p. 104.

32. *Ibid.*, p. 108-111.

33. Laurent Aubert, « Woodstock en Amazonie et la superstar du ghetto de Kingston, les droits patrimoniaux et le droit moral face aux réalités du terrain », *Gradhiva*, n° 12, 2010, p. 141-157, ici p. 141.

Quant à Seeger, il proclame :

> Ce dont nous avons besoin est une nouvelle conscience des enjeux de la propriété musicale et de l'éthique des usages interculturels de la musique – quelque chose qui correspond à la conscience écologique qui incite les individus à changer leurs attitudes personnelles et offre des moyens concrets leurs permettant de modifier leurs pratiques quotidiennes [34].

Il énonce donc un certain nombre de recommandations, que nous avons adaptées et résumées comme suit :

– pour tout enregistrement, recueillir par écrit ou par oral le consentement des musiciens [35] ;
– en formulant les termes de ce consentement, envisager toutes les utilisations qui pourraient être faites des enregistrements ;
– noter soigneusement le nom, l'adresse (quand elle existe) et les qualités de chacun des participants ; demander où et à qui pourront être versées les redevances (*royalties*), si l'enregistrement en produit ; et, précisément, ne pas donner à penser que les publications (écrites, sonores ou audio-visuelles) vont générer des sommes importantes ;
– si, dans la culture étudiée, la notion de compositeur est pertinente – de quelque nature qu'elle soit, même s'il s'agit d'une plante ou d'un animal, voire d'une entité surnaturelle – noter soigneusement le terme qui le désigne et s'efforcer, lorsque cela paraît possible, d'obtenir également son autorisation ;

34. Seeger, « Ethnomusicology and Music Law », p. 65.
35. Ce principe fait débat, certains arguant que cette requête pourrait mettre les musiciens mal à l'aise ; il semble qu'aujourd'hui cette réserve n'ait plus grand lieu d'être.

– toujours donner des copies des enregistrements aux musiciens et, le cas échéant, les aider à constituer sur place une archive communautaire;
– classer soigneusement les matériaux recueillis, selon qu'ils ont été signalés par les musiciens et les autorités morales de la société comme accessibles à tous, restreints à certaines catégories d'auditeurs ou d'utilisateurs, ou encore devant être placés sous embargo temporaire; ce classement devra également régir les dépôts dans des archives du pays de l'ethnomusicologue;
– conserver très soigneusement toutes les traces de négociations avec des organismes et des personnes désireuses d'utiliser les musiques collectées dans le domaine commercial (compagnies publiant des disques, DVDs, CD-Roms; agences publicitaires; organisateurs de concerts et de festivals[36].

Ces recommandations sont évidemment à prendre comme des pistes de réflexion sur lesquelles il faut s'engager dès avant le départ pour le terrain et qu'il convient d'adapter à chaque situation en fonction des normes et valeurs de la société dans laquelle travaille l'ethnomusicologue et de la relation qu'il établit avec ses interlocuteurs locaux. Elles complètent deux règles de base de toute recherche : à défaut de devenir un spécialiste du droit de la propriété intellectuelle et artistique, l'ethnomusicologue doit s'efforcer d'en acquérir les rudiments et de se tenir au courant de ses évolutions; son travail est de collecter, décrire et analyser la musique, les conditions de sa production et la place qu'elle tient dans une société. Le fait qu'il l'enregistre ne lui donne aucun

36. Seeger, « Ethnomusicologists, Archives, Professional Organizations, and the Shifting Ethics of Intellectual Property », p. 101-102.

droit de propriété sur la matière musicale elle-même; en conséquence, s'il peut être rémunéré pour l'enregistrement, les textes et photos d'accompagnement, voire sa participation à la post-production du produit fini (CD, DVD, etc.), « qu'il touche des droits d'auteur serait de l'ordre de la déraison »[37].

En ce qui concerne le versement des redevances produites par les enregistrements, aucune solution universellement valable n'a été trouvée. Si certains musiciens, même considérés comme « traditionnels » disposent aujourd'hui de comptes en banque, d'adresses postales ou électroniques et de numéros de téléphone qui permettent de les joindre facilement (c'est le cas, par exemple, des Ingosi au Kenya[38] ou des chanteurs des « chœurs malais » du Cap), nombre des musiciens enregistrés par les ethnomusicologues vivent dans des situations et des environnements où l'argent circule peu, voire pas du tout, et où les communications reposent toujours sur le contact direct. Dans ces conditions, des mécanismes *ad hoc* doivent être inventés pour chaque cas particulier en veillant autant que faire se peut à ce que l'argent ne devienne pas source de conflits[39]; les témoignages des ethnomusicologues fournissent des exemples – mais certainement pas une liste exhaustive – de solutions concrètement adoptées en fonction des spécificités du terrain :

37. Jean-Michel Beaudet, « Trois hochets, une si grande méfiance », *Cahiers d'ethnomusicologie*, vol. 24, 2011, p. 67-81, ici p. 76.

38. Voir dans le chapitre 1, « De Kamulembe (Kenya) à Langon (Gironde, France), en passant par Nairobi ».

39. Fernando, « Brèves de terrain : questions sur l'éthique de la recherche en ethnomusicologie », p. 117.

– paiement forfaitaire aux musiciens (qui « vendent » leurs chansons comme des objets artisanaux)[40] ;
– paiement forfaitaire à l'« auteur » désigné localement, auquel s'ajoutent la remise de 25 CDs et l'attribution d'un droit de licence particulier à une organisation locale, valable dans une circonscription définie[41] ;
– versement à une personnalité locale (instituteur, par exemple) chargée de répartir l'argent ou de l'investir dans des travaux d'intérêt commun (forage de puits, fourniture de médicaments pour un dispensaire, construction d'une école)[42] ;
– versement à un conseil ou une autorité locale, en présupposant que l'argent sera effectivement réparti entre les musiciens ou utilisé pour le bien commun[43] ;
– versement à une ONG, elle-même en contact permanent sur le terrain avec une organisation autochtone ;
– remise des fonds à une personne se rendant fréquemment ou résidant sur place (membre d'une ONG, personnel médical ou enseignant), mais venant régulièrement dans le pays de résidence de l'ethnomusicologue[44] ;
– transport de l'argent par l'ethnomusicologue qui le remet aux ayants-droit lors d'un retour sur le terrain[45] ;

---

40. Beaudet, « Trois hochets, une si grande méfiance », p. 71.

41. Aubert, « Woodstock en Amazonie et la superstar du ghetto de Kingston, les droits patrimoniaux et le droit moral face aux réalités du terrain », p. 149.

42. Fernando, « Brèves de terrain : questions sur l'éthique de la recherche en ethnomusicologie », p. 117.

43. Hugo Zemp, « The / An Ethnomusicologist and the Record Business », *Yearbook for Traditional Music*, vol. 28, 1996, p. 36-56, p. 38.

44. *Ibid.*

45. *Ibid.*, p. 52.

– lorsqu'il paraît impossible de retrouver trace des musiciens ayant été enregistrés (cas de la réédition d'un enregistrement ancien qui connaît soudain un succès inattendu, qui est utilisé pour une publicité ou pour la musique d'un film), dépôt sur un compte en séquestre dans l'attente que les ayants-droit se manifestent ou soient découverts[46], ou don à une organisation promouvant l'ethnomusicologie[47].

De plus en plus fréquemment, les musiciens et les représentants de la « communauté » dont ils sont issus souhaitent contrôler directement la diffusion de leur musique et l'usage qui pourra en être fait; différentes formes de coproduction peuvent satisfaire cette aspiration, en même temps qu'elles résolvent en partie les questions de droit de propriété et de versement des redevances. L'ethnomusicologue participe au montage des projets, dans le cadre desquels son rôle est notamment d'enregistrer et de documenter la musique[48]; le projet comprend la publication d'un CD dont les droits sont payés à une organisation représentative; c'est ainsi que le disque *Danses et musiques kanak*[49] a été coproduit par le CNRS-Musée de l'Homme et l'Agence de développement de la culture kanak qui a touché les avances

---

46. Seeger, « Ethnomusicologists, Archives, Professional Organizations, and the Shifting Ethics of Intellectual Property », p. 94.

47. Zemp, « The / An Ethnomusicologist and the Record Business », p. 41-42.

48. Beaudet, « Trois hochets, une si grande méfiance », p. 73; Seeger, « Ethnomusicologists, Archives, Professional Organizations, and the Shifting Ethics of Intellectual Property », p. 92.

49. Raymond Ammann, *Nouvelle Calédonie : danses et musiques kanak* [1977], Genève, AIMP (XLVIII/VDE 923), 1997.

versées pour cette publication[50]. L'enseignement qu'en tire Jean-Michel Beaudet est le suivant :

> Aujourd'hui, il ne s'agit pas seulement pour l'ethnologue de participer à des projets définis sur place et menés de plus en plus par les gens avec qui il travaille. Ces projets s'inscrivent pour la plupart dans des structures politiques que se construisent les « acteurs locaux » (les peuples « autochtones », par exemple) pour répondre aux pressions des différents envahissements[51].

Il convient toutefois de demeurer conscient que ces structures politiques ne sont pas construites par *tous* les « acteurs locaux », qu'elles sont le plus souvent parties prenantes de luttes de pouvoir et deviennent elles-mêmes des arènes de compétition dans lesquelles les positions de chacun ne sont pas nécessairement égales ; dans certains cas, elles sont véritablement représentatives, et leur fonctionnement est transparent ; elles peuvent aussi être des entreprises lancées dans le cadre de stratégies de pouvoir ou d'influence politique, auxquelles les pratiques culturelles fournissent d'efficaces moyens de mobilisation. Sans prétendre s'immiscer dans les luttes locales pour le pouvoir, en évitant d'y prendre parti, l'ethnomusicologue doit être attentif aux circonstances dans lesquelles se met en place la coproduction, de sorte qu'elle soit véritablement fructueuse pour tous.

À ces précautions près, la coproduction de CDs et de DVDs ou de projets impliquant la publication d'enregistrements débouche plus largement sur une conception de la recherche qui met fin au déséquilibre caractérisant

---

50. Beaudet, « Trois hochets, une si grande méfiance », p. 73-76.
51. *Ibid.*, p. 79.

traditionnellement la relation entre enquêteurs et enquêtés. Ici, les compétences et connaissances sont partagées, mises en synergie dans le but de construire un savoir pertinent tant pour l'un que pour les autres. Dans la relation de coproduction, il n'y a plus de chercheur ni d'« informateur » mais des « partenaires épistémiques », car, souligne De Largy Healy à propos de l'Australie,

> les recherches collaboratives favorisent l'émergence d'un savoir anthropologique multi-situé mieux à même de rendre compte des expériences variées qui donnent sens aux interprétations aborigènes contemporaines [52],

conclusion généralisable à tous les travaux de terrain, où qu'ils soient menés. Grâce aux nouvelles techniques numériques de conservation et de transmission des documents (textes, photos, enregistrements sonores et audio-visuels), la préservation et la diffusion des matériaux collectés pour un projet en collaboration peuvent aussi permettre la constitution d'archives, à la fois dans une institution scientifique du pays de l'ethnomusicologue et dans un centre de documentation créé là où habitent les musiciens (ou à proximité dans les situations où l'alimentation électrique est problématique). De tels centres ont été mis en place en Australie [53] et les utilisateurs peuvent y trouver les documents issus de collectes portant sur la culture locale réalisées à des époques diverses ; les règles d'accès à ces documents respectent les règles d'accès au savoir qui prévalent localement : certains ne peuvent être

52. De Largy Healy, « Pour une anthropologie de la restitution », p. 53.

53. Voir l'exemple de l'archive créée comme partie intégrante du projet Ara Irititja : http://www.irititja.com/the_archive/index.html ; consulté le 17 mars 2014.

consultés que si l'on est membre de la communauté et un mot de passe autorise l'ouverture des dossiers en fonction de l'âge, du sexe et du groupe social auquel appartient l'utilisateur.

Concrètement

Face à l'inadaptation des droits existants et au flou qui règne encore quant aux législations et réglementations qui seraient les plus appropriées, les organisations internationales telles que l'OMPI et les ethnomusicologues s'accordent sur le fait qu'en l'absence d'un cadre juridique universel, il convient d'adopter empiriquement des approches souples. Mais les solutions trouvées face à chaque cas, dans chaque situation doivent être conçues à partir du principe de respect – qui est la condition *sine qua non* de l'établissement d'une relation de travail féconde – et d'une conscience des enjeux éthiques de la recherche incitant à s'interroger systématiquement sur les droits des musiciens dans toutes les hypothèses d'utilisation des matériaux collectés lors de l'enquête de terrain.

À défaut de règles générales, nous devons nous borner – en prenant en compte les expériences dont plusieurs collègues ont tiré les leçons[54] – à proposer quelques « garde-fous » utiles pour guider le travail de l'ethnomusicologue sur le terrain et ses rapports avec les « musiqueurs ».

Il faut s'efforcer de :

– rester informé des droits nationaux et internationaux, ainsi que des débats que soulève leur application ;

– recueillir le consentement des musiciens, en leur expliquant précisément le but de l'enquête, l'utilisation

54. Voir la bibliographie complémentaire ci-après.

qui sera faite des enregistrements collectés et la procédure qui sera suivie

- pour remettre aux musiciens et, éventuellement, aux compositeurs les droits afférant à la vente des enregistrements ethnomusicologiques qui leur reviennent ;
- en cas de demande d'utilisation de ces enregistrements à des fins commerciales (inclusion dans des morceaux de musique « actuelle », dans des publicités, dans des bandes « originales » de film) ;

– dans tous les cas, il convient de ne pas donner aux musiciens et aux membres de la société à laquelle ils appartiennent l'illusion que ces enregistrements vont générer des sommes considérables ; il importe également de réfléchir à des modalités de paiement qui ne soient pas susceptibles de provoquer des conflits ;

– en ce qui concerne les enregistrements ethnomusicologiques publiés, il faut toujours faire rédiger les contrats d'édition dans une forme qui fasse des musiciens, et éventuellement des compositeurs, les détenteurs des droits de propriété artistique ;

– lorsque cela est possible et quand les musiciens et les autorités morales locales le demandent, une des meilleures solutions consiste à monter des projets en coproduction qui, non seulement, facilitent la solution des questions de droits, mais encore peuvent inclure la création de centres d'archivage et de documentation locaux, projets en coproduction qui, en outre, instaurent un « partenariat épistémique » particulièrement fructueux pour la production du savoir.

BIBLIOGRAPHIE

Droit et musique

DE LARGY HEALY, Jessica, « Pour une anthropologie de la restitution : archives culturelles et transmissions des savoirs en Australie », *Cahiers d'ethnomusicologie*, vol. 24, 2011, p. 45-65.

MALLET, Julien et SAMSON, Guillaume, « Droits d'auteur, bien commun et création, tensions et recompositions à Madagascar et à La Réunion », *Gradhiva*, nº 12, 2010, p. 117-137.

MANGOLTE, Pierre-André, « Copyright et propriété intellectuelle, retour sur un vieux débat, l'exemple américain », *Gradhiva*, nº 12, 2010, p. 21-37.

MILLS, Sherylle, « Indigenous Music and the Law : An Analysis of National and International Legislation », *Yearbook for Traditional Music*, vol. 28, 1996, p. 57-86.

SEEGER, Anthony, « Ethnomusicologists, Archives, Professional Organizations, and the Shifting Ethics of Intellectual Property », *Yearbook for Traditional Music*, vol. 28, 1996, p. 87-105.

NATTIEZ, Jean-Jacques, « Brăiloiu : innovations, acquis et prolongements », dans Laurent Aubert (dir.), *Mémoire vive : hommages à Constantin Brăiloiu*, Gollion (Suisse), Infolio / Genève, Musée d'ethnographie, 2009, p. 35-53.

NETTL, Bruno, « Notes on Musical Composition in Primitive Culture », *Anthropological Quarterly*, vol. 27, nº 3, 1954, p. 81-90.

—, « Thoughts on Improvisation : A Comparative Approach », *The Musical Quarterly*, vol. 60, nº 1, 1974, p. 1-19.

Emprunts en musique

BURKHOLDER, Peter J., « The Uses of Existing Music : Musical Borrowing as a Field », *Notes*, vol. 50, nº 3, 1994, p. 851-870.

GUILLEBAUD, Christine, « Nimbuda ou la carrière d'un citron amer : musiques régionales et industrie cinématographique en Inde », *Gradhiva*, nº 12, 2010, p. 57-79.

HENNION, Antoine, « *Soli deo gloria*, Bach était-il un compositeur ? », *Gradhiva*, nº 12, 2010, p. 41-55.
KOSMICKI, Guillaume, « Musique techno, mix, sample, un défi à la notion de propriété », *Gradhiva*, nº 12, 2010, p. 99-115.
MANUEL, Peter, *Cassette Culture, Popular Music and Technology in North India*, Chicago, The University of Chicago Press, 1993.
MARTIN, Denis-Constant, « Attention, une musique peut en cacher une autre : l'appropriation, α et ω de la création », *Volume ! La revue des musiques populaires*, vol. 10, nº 2, 2014, p. 1-21.

Ethnomusicologie et « musiques du monde »

AROM, Simha et MARTIN, Denis-Constant, « Combiner les sons pour réinventer le monde : la *world music*, sociologie et analyse musicale », *L'Homme*, nº 177-178, 2006, p. 155-178
AUBERT, Laurent, *La musique de l'autre : les nouveaux défis de l'ethnomusicologie*, Genève, Georg / Ateliers d'ethnomusicologie, 2001.
FELD, Steven, « From Schizophonia to Schismogenesis : The Discourses and Practice of World Music and World Beat », dans Georges E. Marcus, Fred R. Myers (dir.), *The Traffic in Culture, Refiguring Art and Anthropology*, Berkeley, University of California Press, 1995, p. 96-126.
—, « Pygmy Pop : A Genealogy of Schizophonic Mimesis », *Yearbook for Traditional Music*, vol. 28, 1996, p. 1-35
—, « A Sweet Lullaby for World Music », *Public Culture*, vol. 12, nº 1, 2000, p. 145-171.
FELD, Steven et KIRKEGAARD, Annemette, « Entangled Complicities in the Prehistory of "World Music" : Poul Rovsing Olsen and Jean Jenkins encounter Brian Eno and David Byrne in the Bush of Ghosts », *Popular Musicology On Line*, 2010, http://www.popular-musicology-online.com/issues/04/feld.html, consulté le 17 mars 2014.
ZEMP, Hugo, « The / An Ethnomusicologist and the Record Business », *Yearbook for Traditional Music*, vol. 28, 1996, p. 36-56.

Ethnomusicologues et musiciens « traditionnels »

AUBERT, Laurent, « Woodstock en Amazonie et la superstar du ghetto de Kingston, les droits patrimoniaux et le droit moral face aux réalités du terrain », *Gradhiva*, n° 12, 2010, p. 141-157.

BEAUDET, Jean-Michel, « Trois hochets : une si grande méfiance », *Cahiers d'ethnomusicologie*, vol. 24, 2011, p. 67-81.

FERNANDO, Nathalie, « Brèves de terrain : questions sur l'éthique de la recherche en ethnomusicologie », *Cahiers d'ethnomusicologie*, vol. 24, 2011, p. 101-122.

LÉOTAR, Frédéric, « Réflexion sur les enjeux éthiques de la collecte en ethnomusicologie », *Cahiers d'ethnomusicologie*, vol. 24, 2011, p. 27-43.

SEEGER, Anthony, « Ethnomusicology and Music Law », dans Bruce Ziff, Pratima V. Rao (dir.), *Borrowed Power : Essays on Cultural Appropriation*, New Brunswick, Rutgers University Press, 1997, p. 52-67.

—, « L'éthique et le droit d'auteur en musique », *Cahiers d'ethnomusicologie*, vol. 24, 2011, p. 11-25.

« Traditions »

COPLAN, David B., « Ethnomusicology and the Meaning of Tradition », dans Stephen Blum, Philip V. Bohlman, et Daniel M. Neuman (dir.), *Ethnomusicology and Modern Music History*, Urbana, University of Illinois Press, 1993, p. 35-48.

HOBSBAWM, Eric J. et RANGER, Terence, *L'invention de la tradition*, Paris, Éditions Amsterdam, 2006.

SCHLANGER, Judith, « Tradition et nouveauté », dans Vincent Dehoux *et al.* (dir.), *Ndroje balendro : musiques, terrains et disciplines. Textes offerts à Simha Arom*, Paris, SELAF, 1995, p. 179-186.

Patrimonialisation

CAMPOS, Lucia, « Sauvegarder une pratique musicale ? Une ethnographie du samba de roda à la World Music Expo », *Cahiers d'ethnomusicologie*, vol. 24, 2011, p. 143-155.

GAUTHARD, Nathalie, « L'épopée tibétaine de Gesar de Gling : adaptation, patrimonialisation et mondialisation », *Cahiers d'ethnomusicologie*, vol. 24, 2011, p. 173-189.

Réglementation internationale

AIGRAIN, Philippe, « Le contexte politique et culturel des droits intellectuels », *Gradhiva*, nº 12, 2010, p. 159-174.

CARNEIRO DA CUNHA, Manuela, « The Role of UNESCO in the Defence of Traditional Knowledge », dans Peter Seitel (dir.), *Safeguarding Traditional Cultures : A Global Assessment*, Washington (DC), Smithsonian / UNESCO, 2001, p. 143-148.

Nations Unies, *Déclaration des Nations Unies sur les droits des peuples autochtones*, http://www.un.org/esa/socdev/unpfii/documents/DRIPS_fr.pdf, consulté le 17 mars 2014.

OMPI, *Comité intergouvernemental de la propriété intellectuelle relative aux ressources génétiques, aux savoirs traditionnels et au folklore*, neuvième session, Genève, 24-28 avril 2006, p. 4-5, http://www.wipo.int/edocs/mdocs/tk/fr/wipo_grtkf_ic_9/wipo_grtkf_ic_9_inf_4.pdf, consulté le 21 avril 2014.

—, *Comité intergouvernemental de la propriété intellectuelle relative aux ressources génétiques, aux savoirs traditionnels et au folklore*, troisième session, Genève, 13-21 juin 2002, p. 68-69, http://www.wipo.int/edocs/mdocs/tk/fr/wipo_grtkf_ic_3/wipo_grtkf_ic_3_10.pdf, consulté le 21 avril 2014.

UNESCO, *Convention pour la sauvegarde du patrimoine culturel immatériel*, http://unesdoc.unesco.org/images/0013/001325/132540f.pdf, consulté le 17 mars 2014.

WIPO / UNESCO, *Model Provisions for National Laws on the Protection of Expressions of Folklore*, http://www.wipo.int/wipolex/en/text.jsp?file_id=184668, consulté le 21 avril 2014.

WIPO / UNESCO group of experts, *Draft Treaty for the Protection of Expressions of Folklore Against Illicit Exploitation and Other Prejudicial Actions*, http://www.copyrightnote.org/statute/cc0014.html, consulté le 17 mars 2014.

Chapitre IV

L'ENQUÊTE

Les musiciens, quels qu'ils soient, où qu'ils demeurent sont le plus souvent heureux que l'on s'intéresse à ce qu'ils font et réservent un bon accueil à l'ethnomusicologue. Dans la plupart des cas, leur attitude n'est pas guidée par une forme d'égocentrisme, par le plaisir qu'eux, individuellement, tireraient de l'intérêt que suscite leur art, mais plutôt par une forme de fierté que leur patrimoine musical soit jugé « digne » de devenir l'objet d'une recherche, surtout si celle-ci est auréolée d'un « prestige » universitaire. Ce sentiment est d'autant plus fort que l'ethnomusicologue s'intéresse aux musiques de groupes qui ont été maintenus longtemps dans un statut inférieur ou qui ont été stigmatisés, dont les créations ont par conséquent été considérées, dans l'environnement où ils vivent, comme sans réelle valeur : les Pygmées en Afrique, les intouchables en Inde, les *coloureds* en Afrique du Sud. La disposition bienveillante des musiciens à l'égard de celui qui souhaite travailler sur leurs productions doit toutefois trouver son pendant chez le chercheur, sinon elle peut rapidement se transformer en réticence à collaborer, voire en franche hostilité, si ce dernier ne confirme pas par son comportement et ses paroles le préjugé favorable dont il bénéficie.

RESPECT

Le principe qui doit gouverner toute enquête, ethnomusicologique ou autre, est le *respect* : une enquête consiste à créer une situation dans laquelle peut se nouer un dialogue entre des êtres humains égaux, au cours de laquelle certains d'entre eux souhaitent obtenir des autres des informations leur permettant de mieux comprendre comment ces autres vivent et comment ils conçoivent leur vie. Il ne faut donc jamais oublier que, dans une telle situation, même si le chercheur dispose de moyens matériels supérieurs, il se trouve dans une situation de « demandeur » et dépend du bon vouloir de ses interlocuteurs. Une enquête est ainsi toujours un échange, et le premier bien que l'enquêteur doit présenter en contrepartie des connaissances qu'il espère recueillir est le respect, ce qui n'exclut pas qu'il y ajoute le cas échéant d'autres biens matériels (cadeaux, compensations financières, aide logistique, etc.). Il faut donc être extrêmement attentif à bannir la moindre expression de ce qui pourrait être pris – dans les codes de la société d'accueil, en fonction de son histoire propre et des traumatismes qu'elle peut avoir subi – pour du mépris, de la condescendance, voire simplement du paternalisme. Le chercheur venant d'Europe ou d'Amérique du Nord et travaillant dans des sociétés postcoloniales, dans des régions dont la mémoire collective porte encore les stigmates de l'esclavage ne doit pas oublier que – quels que soient ses opinions et ses engagements personnels – il est au premier abord considéré comme porteur de l'histoire de son pays d'origine et que sa couleur de peau l'associe à ceux qui sont considérés comme responsables des atrocités de l'esclavage et de l'oppression coloniale ; il doit nécessairement s'attacher à montrer que ces associations n'ont pas lieu d'être. En outre, ce ne sont pas uniquement les individus qui doivent être respectés mais également leur mode de vie. À cet égard, Jean Copans est parfaitement clair :

> La durée de l'enquête n'est pas la temporalité de la vie culturelle et sociale locale. Elle possède a priori des contraintes matérielles, humaines, financières ou administratives qui n'ont rien à voir avec les rythmes et les obligations de la communauté d'accueil. Il y a donc un apprentissage et une adaptation à ces contraintes locales : périodes de l'année, emploi du temps journalier et quotidien (diurne et nocturne), occupations plutôt masculines ou féminines, activités publiques, privées, secrètes et interdites, ou permises. Bref, l'ethnologue doit s'adapter à plusieurs niveaux de temporalité, de sociabilité et se débrouiller pour les maîtriser progressivement. La première de ces obligations sociales étant le respect des hiérarchies et des valeurs locales, de l'étiquette sociale et sexuelle [1].

Cela implique que le sexe de l'enquêteur, ou de ses collaborateurs, peut conditionner l'accès à certains répertoires ; des interdictions peuvent être levées au bout de quelque temps ; d'autres, plus générales, découlant du caractère secret des rituels dans lesquels interviennent certaines formes musicales, ne pourront l'être.

1. Jean Copans, *L'enquête ethnologique de terrain*, Paris, Nathan, 2002, p. 26.

Dans des sociétés solidement hiérarchisées, des visites de courtoisie aux autorités, coutumières ou administratives, s'imposent, au cours desquelles l'ethnomusicologue doit afficher à la fois son respect de cette autorité et sa légitimité en tant que chercheur et doit donner l'assurance que son travail produira au bout du compte une image positive de la société ou des phénomènes qu'il souhaite étudier. Il devra ensuite, si des contraintes lui sont imposées, s'efforcer de « jouer » au mieux avec celles-ci, comme nous l'avons indiqué plus haut, en prenant garde de ne pas se mettre hors la loi (ou hors la conception que les représentants de l'ordre en ont). Dans ces conditions, le chercheur peut, en son for intérieur, désapprouver certaines conséquences de ces hiérarchies ou rejeter certaines de ces valeurs (par exemple en ce qui concerne la position de la femme), il ne doit pas le montrer et toujours se souvenir que le but de l'enquête n'est pas de réformer – sur la base de conceptions étrangères – la société dans laquelle il travaille. Enfin, il faut également se garder d'une certaine forme d'adulation aveugle de l'Autre, que l'on pourrait qualifier d'exotisme de terrain, où l'attitude que Tzvetan Todorov qualifiait d'« éloge dans la méconnaissance »[2] aboutit à s'interdire d'observer les réalités sociales et d'en comprendre le fonctionnement. C'est sur la base d'une « rupture épistémologique »[3] que peut être construite, avec les Autres, la connaissance des Autres. La construction de ce savoir exige une combinaison fine d'empathie et de distance

2. Tzvetan Todorov, *Nous et les autres : la réflexion française sur la diversité humaine*, Paris, Éditions du Seuil, 1989, p. 298.

3. Jean-Pierre Olivier de Sardan, *La rigueur du qualitatif : les contraintes empiriques de l'interprétation socio-anthropologique*, Louvain-la-Neuve, Academia Bruylant, 2008, p. 299.

critique. L'ethnologue ou l'ethnomusicologue ne deviennent jamais des membres ordinaires de la société dans laquelle ils travaillent, même s'ils y font l'objet de procédures d'adoption qui précisent leur position et leur donnent un statut, car ce statut est toujours spécial : même acceptés et dotés d'une place particulière à l'intérieur de la société d'accueil, ils demeurent des étrangers, et c'est précisément parce qu'ils sont étrangers qu'ils peuvent engager un dialogue et entrer dans un échange. Il ne suffit pas d'arriver quelque part avec un magnétophone, de tomber en pâmoison devant la musique qu'on entend, de l'enregistrer (plus ou moins bien) et de publier un disque dont le livret fourmillera d'adjectifs dithyrambiques, sans présentation sérieuse de la société ni de la musique, pour faire de l'ethnomusicologie... Et nous n'évoquerons même pas ici les captations vidéo sauvages qui finissent sur You Tube !

Dialogue(s)

Ces principes éthiques ont des implications méthodologiques. La première concerne le statut de la question : le questionnement et ses formes ne sont pas appréciés de la même manière dans toutes les sociétés. Il est des lieux et des circonstances où toute question est considérée comme malséante ou signe d'agressivité ; il faut alors, sans interroger, par le dialogue dans les formes localement convenues, s'efforcer d'obtenir les informations recherchées ; il convient d'être d'autant plus attentif à la manière dont sont ressenties les questions que l'on maîtrise mal, ou pas du tout, la langue vernaculaire. La seconde implication, plus généralement, concerne l'organisation même de l'enquête : le meilleur moyen de la rendre fructueuse et satisfaisante pour tous, enquêteurs et enquêtés, est de la concevoir comme une entreprise collaborative au sein de laquelle chacun possède des compétences différentes mais complémentaires, ce qui permet de poser la construction du savoir comme œuvre commune. Lorsque l'enquêteur soupçonne ou sait qu'un sujet est délicat à aborder, il doit attendre que les conditions lui paraissent réunies pour entamer la discussion ; avant d'interroger, d'enregistrer, de photographier, de filmer, il faut toujours se demander (et demander aux personnes-ressources, aux interlocuteurs privilégiés) si les circonstances sont favorables. En effet, tout acte ressenti comme irrespectueux ou agressif peut mener l'investigation dans une impasse. Dans tous les cas, lorsque les interlocuteurs locaux formulent un refus – refus de répondre à une question, refus de poursuivre le dialogue dans une certaine direction, refus d'exécuter un répertoire ou de le jouer dans certaines conditions, refus de montrer des instruments, refus de se laisser enregistrer, rejet d'une analyse ou d'une interprétation présentées par l'enquêteur… – ce refus doit être accepté clairement et sans réticences. Un refus repose sur des raisons qu'il faut d'abord essayer de comprendre pour, ensuite, reprendre le dialogue de manière différente afin de pouvoir, peut-être, l'engager sur des voies, vers des connaissances qui, autrement, seraient demeurées insoupçonnées.

Concrètement, sur le terrain, ou ce qu'on pourrait appeler le « pré-terrain » (la capitale du pays, le chef-lieu administratif, les universités), et après avoir pris connaissance de la littérature existant non seulement sur la musique, mais encore sur l'histoire, la culture et l'organisation sociale de la société ou du lieu où doit prendre place l'enquête, il faut identifier des personnes-ressources qui donneront des conseils sur ce qu'il est convenable d'y faire et d'y dire, et fourniront des contacts locaux. Dans des situations où divisions et compétitions trament la vie sociale, il faut toutefois être attentif à ne pas se laisser enfermer dans des réseaux liés à certains milieux, certains groupes de pouvoir ou certains courants d'opinion plutôt qu'à d'autres. Dans tous les cas, lors du « pré-terrain » comme sur le terrain même, il est préférable d'expliquer clairement les objectifs de l'enquête et les conditions dans lesquelles elle est effectuée (en précisant, si nécessaire, les institutions locales ou étrangères, auxquelles elle est adossée financièrement et administrativement). Dans le dialogue qui se noue alors, il est bon que le chercheur puisse montrer, sans la moindre arrogance, qu'il sait déjà quelque chose : sinon sur la musique qui est l'objet même de son enquête, du moins sur la musique en général, ce qui lui permet de se placer en situation de connivence avec les musiciens.

Il est fréquent que les musiciens ou les experts locaux cherchent à « tester » le nouvel arrivant pour évaluer les possibilités qu'il y a d'établir avec lui des relations bénéfiques. S'il est soumis, ou a le sentiment de l'être, à un tel « examen de passage », le chercheur doit s'y prêter de bonne grâce et démontrer que la confiance que ses interlocuteurs envisagent d'investir en lui est méritée. Dans certains cas, demander à apprendre à jouer d'un instrument fournit un moyen, non seulement d'accéder plus facilement à la systématique de la musique interprétée, mais encore de nouer des relations spéciales (de disciple à maître) avec un éminent spécialiste, relation qui peut déboucher sur l'accès à des connaissances beaucoup plus vastes que la simple technique instrumentale[4]. De manière générale, il convient de garder l'esprit ouvert tout au cours de l'enquête, car les informations collectées sur l'objet initial ou principal peuvent conduire à des éléments de savoirs importants sur un autre sujet. De la même manière, le hasard des circonstances peut mettre inopinément le chercheur en présence d'événements imprévus qui méritent d'être recueillis et documentés. Dans les zones rurales, il arrive que, passant dans un village, on repère un attroupement causé par une cérémonie rituelle dont la musique est partie intégrante. S'il est possible d'obtenir sur le champ l'autorisation des responsables locaux, dignitaires religieux, musiciens, enregistrer et recueillir autant d'information que possible sur la musique et les circonstances dans lesquelles elle est jouée revêt toujours un intérêt, et peut se révéler fort utile pour la suite de l'enquête, ou pour d'autres recherches.

De façon schématique, le travail de terrain peut se résumer à deux cas de figure. Il peut s'agir d'une mission brève – de repérage en quelque sorte –, qui permet de se faire une idée de la musique d'une communauté ou d'un aspect de celle-ci : son instrumentarium, un répertoire particulier, la manière dont son patrimoine musical est organisé en catégories vernaculaires, les circonstances de la pratique musicale, l'interaction de la musique avec les autres aspects de la culture, aussi bien sur le plan social que symbolique. Le deuxième cas, le plus fréquent, est celui du chercheur qui effectue un séjour de moyenne ou longue durée dans un lieu

---

4. L'apprentissage suivi par Aurélie Helmlinger au sein des *steel bands* de Trinidad en a fait une excellente instrumentiste qui, à son tour, enseigne le *steel drum*, et a nourri une recherche qui déborde la seule musique pour toucher aux mécanismes de la cognition.

circonscrit (tel un village, le quartier d'une agglomération ou un studio d'enregistrement), au cours duquel il se livre à une enquête approfondie sur tel ou tel aspect de la vie musicale et à une collecte intensive de documents audiovisuels ou de fichiers informatiques. Dans tous les cas, être accompagné par une personne appartenant à la communauté où l'on se rend est très utile. Cette personne, qui peut aussi jouer le rôle de traducteur, établit un premier lien avec tous ceux que le chercheur côtoiera pendant la durée de son séjour. Enfin, il est vivement recommandé de ne pas s'en tenir à un seul séjour sur le lieu où l'on enquête afin de pouvoir, d'une part, valider les données recueillies au cours du séjour précédent et, d'autre part, accéder à des informations qui, lors de leur dépouillement, pourraient se révéler être incomplètes.

LE PRINCE BARIBA ET « SES » PEULS, PROTOCOLE D'ENQUÊTE ET PROTOCOLES « DIPLOMATIQUES » (PAR SIMHA AROM)

En 1973, me trouvant au Bénin (alors Dahomey), dans le massif de l'Atakora, je souhaitai collecter les musiques d'un groupe de Peuls de cette région. Pour y parvenir, je devais obligatoirement contacter les autorités Bariba, puisque les Peuls se trouvaient dans une position de vassalité à leur égard. Il me fallut donc effectuer une visite de courtoisie au prince local. Arrivé dans son village, je me fis annoncer et son « chambellan » m'introduisit auprès de lui. Après les échanges rituels de politesses, je lui exprimai mon désir de me rendre chez « ses » Peuls[5]. Le prince voulut savoir quand

5. Pasteurs nomades, les Peuls peuvent, tout autant que les Bariba, s'enorgueillir d'un riche passé ; dans cette région, toutefois, ils se trouvent en situation de dépendance à l'égard des Bariba ; voir à ce propos : Jacques Lombard, *Structures de type « féodal » en Afrique Noire, étude des dynamiques*

je comptais m'y rendre, car il tenait à m'accompagner. « Dès que vous aurez un moment », lui répondis-je. S'étant assuré que je disposais d'une voiture, il ordonna au chambellan de faire le nécessaire pour que nous puissions nous y rendre sur-le-champ. J'avais alors un véhicule assez spacieux pour transporter mon équipement, des vivres, l'essence et des effets personnels. Tandis que j'ouvrais la porte pour faire asseoir le prince à mes côtés, le chambellan s'installa sur la banquette derrière nous. Le prince me demanda s'il était possible d'ouvrir la vitre arrière. Mon attention fut alors attirée par l'objet que le chambellan tenait dans la main : un tube de près d'un mètre de long. Je démarrai et, à ce moment, j'aperçus dans le rétroviseur qu'il dépliait le tube – en réalité une trompe télescopique en métal de deux mètres environ nommée *kakaki* – dont la majeure partie dépassait de la fenêtre ouverte. Le prince me pria de rouler lentement parce qu'« il devait sonner. » Et le chambellan de sonner, et tous les villageois, hommes, femmes, enfants, d'accourir au bord de la piste pour saluer le prince, majestueusement assis, conduit par un chauffeur blanc ! Parvenus à l'extrémité du village, le chambellan replia sa trompe et le prince me signifia que je pouvais accélérer. Cependant, dès que nous abordions un nouveau village, il m'ordonnait : « Ralentissez, il doit sonner ! » Le même scénario se reproduisit dans tous les villages traversés, et il en fut de même au retour. C'est seulement alors que je réalisai que les sonneries étaient destinées à rameuter les habitants pour qu'ils apportent des présents au prince (poulets, sacs de mil, légumes). Nous fîmes halte dans tous les villages pour les charger à l'arrière de la voiture. C'était comme s'il avait averti à l'aller : « À présent, je ne fais que passer, mais au retour, je viendrai percevoir la dîme ». D'ordinaire le prince paradait sur son magnifique cheval. Mais là, quelle aubaine ! Il disposait d'une voiture pour effectuer sa tournée.

---

internes et des relations sociales chez les Baribas du Dahomey, Paris / La Haye, Mouton, 1965 ; Henri Moniot, « La Féodalité pour quoi dire ? La typologie et les modèles pour quoi faire », *Cahiers d'études africaines*, vol. 7, n° 25, 1967, p. 194-210.

Dès notre arrivée au campement peul, tout le monde s'affaira. Des sièges furent disposés en arc de cercle à l'intention des visiteurs, puis plusieurs hommes s'avancèrent avec des instruments de musique. L'atmosphère était très formelle. Le prince ordonna aux musiciens de chanter et de jouer, tandis que l'Européen qui l'accompagnait mettait en marche son magnétophone. En réalité, je fis mine d'enregistrer, car les conditions ne s'y prêtaient guère; nous étions, les musiciens comme moi-même, dans la situation d'obligés du prince… Ils jouèrent quelques pièces en s'accompagnant de différents instruments et s'éloignèrent. Mais il était évident que la présence d'une autorité, en la personne du prince, créait une atmosphère tendue, que les musiciens ne se sentaient pas à l'aise et ne pouvaient donc pas fournir la meilleure exécution de leur répertoire. Sous prétexte d'examiner de plus près les instruments, je m'approchai des musiciens et leur demandai s'ils acceptaient que je revienne les enregistrer dans des conditions plus sereines… Ma demande fut accueillie par une approbation unanime; je sentis dans leurs regards l'étonnement de voir que je n'étais pas dupe de la situation. Nous convînmes du lendemain matin de bonne heure et je reconduisis le prince chez lui. Lorsque, le jour suivant, je revins seul à leur campement, les musiciens m'attendaient, assis sur des nattes, dans un silence impressionnant[6]. À midi, les femmes m'apportèrent un bol de lait caillé. Comme nous étions en pleine activité, je l'avalai d'un trait, sans m'interrompre. Bien plus tard, j'appris que manger en présence d'autres personnes était indélicat. J'avais commis là un impair…

Après avoir passé trois jours auprès d'eux, je vins leur faire mes adieux et leur offrir des cadeaux pour les remercier. Quelle ne fut pas ma surprise lorsque, de leur côté, ils me firent présent d'une de leurs magnifiques couvertures en patchwork multicolore. Puis, ils s'écartèrent pour laisser passer une vache, autre cadeau

6. Simha Arom, *The Fulani* [1976], enregistrements, photos, texte de pochette, Paris, UNESCO, collection « Musics and Musicians of the World », Auvidis D 8006 AD 090, 1988, plages 7-14.

qui m'était destiné. La situation était délicate... D'un côté je ne pouvais accepter, de l'autre il était difficile de refuser. Il fallait trouver un moyen pour ne pas me charger de la vache sans que ses donateurs se sentissent offensés. Je dus longuement expliquer qu'on n'accepterait jamais d'embarquer une vache dans l'avion qui me ramènerait chez moi ; que j'habitais une ville où l'on vit les uns *au-dessus* des autres et où il n'y a pas de prairie et je ne pourrais donc garder la vache chez moi ni prendre soin d'elle... J'étais infiniment touché et reconnaissant de leur magnifique présent, mais désolé de ne pouvoir l'accepter.

Assistants

Pour mener à bien la plupart des enquêtes ethnologiques, il est nécessaire de trouver localement un ou des assistants capables de jouer le rôle d'intermédiaire entre le chercheur ou le groupe de chercheurs et les populations dont il souhaite étudier la musique. Très souvent, cet assistant devient au fil du travail bien plus qu'un simple intermédiaire, un complice qui s'investit dans la recherche et lui apporte beaucoup. L'important, lorsqu'il est recruté, est donc qu'une sympathie réciproque s'établisse entre l'équipe de recherche et celui qui aura la charge de lui faciliter le travail, voire même de la conseiller. Pour ce faire, il faut évidemment que l'assistant possède des compétences particulières : de préférence qu'il soit membre de la population dont la musique fait l'objet d'investigations, ou que, s'il ne l'est pas, il en connaisse les codes culturels – notamment ceux qui concernent la bienséance – et la langue. En outre, il doit être formé aux nécessités de l'enquête ethnomusicologique : il faut lui expliquer en langage simple et clair l'objet, le déroulement et les finalités de la recherche; il faut lui demander de fournir des traductions mot à mot : de ne pas chercher à leur donner une qualité « littéraire », mais de rendre le plus fidèlement ce que disent les interlocuteurs et d'expliquer, si besoin est, le sens particulier de certains mots ou expressions, leur contenu symbolique potentiel. Ainsi, l'assistant se trouve en mesure de conseiller les chercheurs sur la manière de se comporter sur le terrain, de leur fournir des informations sur les moments forts de la vie sociale, qui sont accompagnés de musique, sur les musiques elles-mêmes dans certains cas; il contribue à l'identification des interlocuteurs locaux et peut leur présenter les étrangers en se portant garant de l'honnêteté de leur intérêt pour la culture du lieu. Dans bien des cas, l'assistant ne traduit pas seulement, il ouvre (mais aussi il peut fermer s'il est mal choisi) les portes de la société dans laquelle enquête l'ethnomusicologue.

Toutefois, quelle que soit la qualité de la relation qui s'établit entre l'ethnomusicologue et l'assistant, il faut prendre garde à ce qu'elle n'introduise pas des biais dans les données recueillies. Le chercheur doit avoir appris à se méfier de la manière dont son éducation, tout ce qu'il a appris dans sa société d'origine, peut le pousser, sans qu'il en soit toujours conscient, à donner certaines interprétations des faits qu'il observe, décalées ou à contresens de la signification qu'ils revêtent pour ceux qui les vivent. L'assistant, qui a toujours une certaine instruction (il sait au moins lire, écrire et dans la plupart des cas parler une langue européenne), est lui aussi susceptible d'interpréter, de déformer, de censurer les propos qu'il doit traduire ou les situations dans lesquelles il se trouve avec l'ethnomusicologue. Face à des comportements ou des conceptions qu'il réprouve – à cause de son éducation religieuse, par exemple –, il peut être tenté d'en cacher l'existence ou de les « interpréter » afin de les rendre « acceptables » dans les codes moraux qui sont les siens. Il peut aussi, tout simplement, chercher à « plaire » à celui qui l'emploie et le rémunère ou à celui qu'il en est venu à considérer comme un ami ; alors, il sera tenté de tourner les informations pour leur donner une forme et un contenu dont il pense qu'ils satisferont l'enquêteur.

C'est pour cette raison que, lorsque cela est possible, il est préférable de ne pas travailler avec un seul assistant, de manière à pouvoir croiser et confronter les indications, les interprétations et les traductions. De la même manière, il vaut mieux ne pas construire l'enquête sur une relation bilatérale avec un seul interlocuteur, musicien ou expert. Si, à un moment donné, s'établit entre le chercheur et un de ses interlocuteurs un lien fort qui incite à concentrer certaines étapes de la recherche sur ce dernier, ses idées et ses pratiques musicales, il faut que, pour être pertinentes, ces idées et pratiques soient réinsérées dans l'ensemble de celles qui ont cours dans le groupe auquel il appartient. Dans le meilleur des cas, la relation privilégiée avec un interlocuteur, devenu un véritable ami, est aussi source de nouveaux contacts, de nouvelles découvertes. Mais, en règle générale, travailler avec plusieurs interlocuteurs permet d'entendre plusieurs « sons de cloche » (et lorsqu'ils sont strictement identiques de penser qu'ils représentent une opinion véritablement partagée), met chacun dans une position où ce qu'il dit – les informations qu'il donne, la manière dont il joue ou chante – ne s'adresse pas seulement à un étranger qui, peut-être, n'y connaît rien, mais aussi et surtout à des pairs qui possèdent la capacité de juger, parfois même de réprimander.

Questions

Toute enquête implique de poser des questions. Or poser une question n'est jamais une démarche anodine. Encore moins lorsqu'il existe entre enquêtés et enquêteurs une distance créée par un passé de domination coloniale (et/ou raciale), des types d'instruction différents, des disparités économiques et sociales, distance qui risque d'être accentuée par les représentations que les uns ont des autres et peut susciter des conduites d'agressivité ou, au contraire, de complaisance, ou encore de timidité. Dans presque toutes les relations sociales, poser une question établit une relation de pouvoir : celui qui demande se juge en position et en droit d'obtenir une réponse de celui qu'il interroge. Cela se manifeste dans la vie quotidienne et a des incidences pour les enquêtes de sciences sociales. De plus, il est maintenant généralement reconnu que la formulation de la question peut contenir, ou au moins induire, des éléments de réponse. Pourtant, il est difficile, sinon impossible, de conduire une enquête sans poser de question; même dans le cas - parfaitement théorique et jamais réalisé - d'une observation réduite à une présence muette, cette présence ne peut s'établir dans la durée qu'à partir d'une question implicite : « Puis-je être là ? » Il faut donc poser des questions : « Quand faites-vous de la musique? Y a-t-il des répertoires associés à certaines circonstances et pas à d'autres? Quels instruments utilisez-vous? Y a-t-il des instruments qui sont réservés à certaines personnes? À certaines circonstances? » Puis, lorsque l'analyse est avancée, des questions de validation sur les rythmes, les échelles, les structures... Pour que ces questions aient des vertus heuristiques, il faut connaître le statut de la question dans la société où l'enquête est menée :

la question, en tant que telle, n'est-elle pas malséante ? Si elle ne l'est pas toujours, qui a le droit de questionner qui ? À quels moments ? Sur quel sujet ? Dans quelles formes ? Même lorsque la situation d'interrogation est considérée comme légitime, est-il loisible, en vertu des codes de politesse, de répondre négativement ? D'affirmer que la question n'a pas de sens ? La consultation des travaux sociologiques et anthropologiques aide au départ à se faire une idée de la possibilité de poser des questions et des manières dont cela peut être fait. Un des rôles des assistants est de conseiller sur l'opportunité de questionner et de formuler les questions comme elles doivent l'être dans la langue des interlocuteurs. Mais, dans tous les cas, il convient de se souvenir que poser une question revient à poser un acte socialement important. C'est pour cette raison qu'il convient d'être extrêmement prudent dans l'usage des questionnaires. Autant il est bon que le chercheur élabore au début de l'enquête un guide lui servant à répertorier les différents thèmes qu'il aura besoin d'aborder avec ses interlocuteurs, en s'efforçant de n'en oublier aucun, tout en sachant que, sur le terrain même, d'autres – qui n'avaient pas été envisagés – surgiront ; autant l'utilisation de questionnaires fermés est souvent inefficace. Il est donc préférable de créer des conditions – qui seront plus ou moins formelles selon les sociétés et les situations – dans lesquelles l'interlocuteur aura la possibilité de s'exprimer aussi librement que possible ; l'idéal étant que l'entretien se mue en une conversation entre plusieurs interlocuteurs dont la chaleur permettra, sinon d'oublier la présence du chercheur étranger, du moins de ne plus concevoir les propos en fonction de sa présence et de ne plus faire attention à l'enregistreur. À charge pour le chercheur de savoir intervenir quand il le juge utile, et dans des formes qui ne brisent pas la dynamique relationnelle qui s'est mise en place avec le ou les enquêtés, pour que les thèmes qui lui importent soient effectivement abordés.

Dans certaines sociétés, l'apprentissage des instruments crée une situation où l'« élève » a le droit d'interroger, mais pas toujours; ailleurs, il doit se contenter d'observer et de reproduire, et toute question serait de mauvais aloi. En revanche, les recherches interactives, comme celles que conduisirent Simha Arom, Nathalie Fernando et Fabrice Marandola, médiatisent la question grâce à l'utilisation par les musiciens locaux eux-mêmes d'un instrument qu'ils découvrent (un synthétiseur). Dans ce cadre, la réponse n'est pas, ou pas seulement, verbale. Elle s'exprime tant dans les comportements adoptés au cours de l'expérimentation à laquelle ils prennent part, que dans les commentaires qu'ils en font[7]. Les méthodes employées au cours de ces recherches ont l'avantage de contourner la quasi-impossibilité de répondre à certaines questions :

> Des concepts aussi abstraits que ceux d'*échelle*, de *degré* et d'*intervalle*, non seulement ne font pas l'objet de commentaires verbalisés, mais sont pratiquement *non verbalisables*. Il y a bien conception, mais pas conceptualisation[8].

C'est à cette conceptualisation que permettent d'accéder les discussions qui s'engagent autour de l'expérimentation à laquelle participent les musiciens locaux.

---

7. Simha Arom, *La boîte à outils d'un ethnomusicologue*, textes réunis et présentés par Nathalie Fernando, Montréal, Presses de l'Université de Montréal, 2007, p. 367-403.

8. Simha Arom, « L'étude des échelles dans les musiques traditionnelles : une approche interactive », *Analyse musicale*, n° 23, 1991, p. 22-24, ici p. 22.

POLYSÉMIE DES TERMES MUSICAUX

Les liens qui existent en Afrique entre différentes acceptions d'un même terme vernaculaire présentent des degrés de complexité divers : un terme peut ne renvoyer qu'à deux objets – le nom du répertoire et la formule rythmique qui lui est spécifique, par exemple – mais aussi en recouvrir plusieurs. Chez les Aka, c'est précisément le cas de *bòndó*, qui désigne à la fois :

- un rituel de divination ;
- la divination par le feu qui intervient au cours de ce rituel ;
- le devin-guérisseur lui-même ;
- l'ensemble des chants liés à ce rituel (dont chacun a son propre titre) ;
- la formule polyrythmique spécifique qui les sous-tend ;
- la danse associée à cette circonstance ;
- la formation instrumentale qui l'accompagne ;
- enfin, la plante à effet hallucinogène ingérée à cette occasion par le devin-guérisseur et qui est à l'origine étymologique du terme.

C'est pour cette raison que le chercheur doit toujours se demander – et demander à ses interlocuteurs – si un terme ne possède pas plusieurs significations imbriquées, car seule la compréhension de cet enchevêtrement permet d'appréhender le réseau symbolique qui en relie les différentes acceptions et qui introduit aux représentations de la société les plus largement répandues.

NOTER ET CONSERVER LES INFORMATIONS

Le chercheur sur le terrain doit être dans un état de « qui-vive » permanent : il lui faut être attentif à tout ce qui se passe de manière à saisir ce qui peut être utile à son travail; il lui faut être à tout moment en mesure de noter des informations ou d'enregistrer des manifestations sonores qui ne seront, dans ces conditions, que des « échantillons », mais qui serviront ensuite à créer les conditions pour effectuer des enregistrements de recherche complets et de bonne qualité. Aujourd'hui, les instruments privilégiés de cette veille incessante sont les mini-enregistreurs audio sur carte mémoire (sur lesquels il est possible d'enregistrer ses observations aussi bien que des entretiens ou de la musique) ou les petites caméras vidéo, tous deux permettant de conserver des documents d'une qualité sonore suffisante pour servir de base de travail. Il est particulièrement utile d'enregistrer les entretiens conduits avec un interprète au cas où il serait nécessaire de vérifier ultérieurement les traductions. Le fait de les enregistrer, et non de prendre des notes, favorise au surplus le contact (en particulier visuel) avec les interlocuteurs : il manifeste que le chercheur leur prête attention, même s'il ne comprend pas – ou pas tout – ce qu'ils disent.

À l'arrivée sur le terrain, il convient de recueillir aussi rapidement que possible les noms des répertoires, les titres ou les *incipits* des pièces, les termes vernaculaires utilisés pour parler de la musique, des manières de la faire, des circonstances dans lesquelles elles sont exécutées. Pour chaque répertoire, il importe de connaître les occasions pour lesquelles il est interprété, les catégories d'interprètes (hommes, femmes, jeunes, Anciens, confréries, castes, etc.), s'il y en a, les instruments utilisés ou pouvant être utilisés. Tout doit être enregistré de la manière la plus claire et, avec les précautions évoquées plus haut, les possibilités de polysémie doivent être abordées. En présence de langues à tons, le chercheur qui ne connaît pas la langue utilisée ou qui ne la connaît pas suffisamment pour repérer sans erreur les tons et les modifications de significations qu'ils induisent demandera à ce que les tons du vocabulaire musical ou des paroles chantées soient sifflés ; il pourra ensuite noter les schèmes tonaux des phrases verbales et les comparer avec ceux des phrases musicales. Tout enregistrement d'enquête (observations, entretiens, musique) doit être accompagné d'indications précises concernant le lieu, le jour, l'heure, les circonstances et le nom des interlocuteurs, traducteurs ou musiciens. À partir de là, il est possible d'établir une esquisse de catégorisation qu'il conviendra de compléter, affiner, revoir par la suite, au fur et à mesure du déroulement de l'enquête.

À tête reposée, toujours sur le terrain, les impressions, observations et informations recueillies seront consignées dans un carnet ou journal de terrain. Cela permet de faire le bilan au jour le jour de ce qui a été accompli et sert à de premières formes de classement et d'indexation, afin qu'il soit ensuite plus aisé de retrouver les divers types de données relatives aux mêmes répertoires et manifestations musicales. Cela implique, évidemment, que les supports (bandes magnétiques, cassettes vidéo, fichiers informatiques sur carte flash ou disque dur) soient eux-mêmes précisément étiquetés avec une signalétique qui permette de les classer par thèmes. Enfin, il est prudent de faire des copies de toutes les données recueillies et, maintenant qu'il est possible de tout transformer en fichiers informatiques, de les envoyer, lorsque les conditions le permettent, par courrier électronique à une adresse ou un site de stockage où elles seront en sécurité.

Cas des instruments

Une étude ethnomusicologique comporte, presque toujours, une partie organologique : il est nécessaire de décrire les instruments pour comprendre leurs modes d'accordage, leurs techniques de jeu et aussi les dimensions symboliques dont ils sont investis. La description peut être verbale, et inclure notamment des mensurations précises, la différenciation des parties, la mention des matériaux utilisés. Elle doit comporter les terminologies en langue vernaculaire (nom de l'instrument, de ses parties) et leur traduction précise : littérale, avec indication des sens métaphoriques possibles des mots employés, surtout si le vocabulaire est analogique et non pas spécifique, lorsque, par exemple, une famille instrumentale est désignée de la même manière qu'une famille humaine (père, mère, enfants, fils, fille). De même, les mythes associés aux instruments doivent être systématiquement collectés : mythes d'origine et d'acquisition ou mythes liés aux circonstances où les instruments sont mis en jeu. Les particularités physiques des instruments auxquelles sont attribuées des significations symboliques mettent souvent sur la piste de ces mythes.

Il va sans dire que tout document graphique (dessins minutieux et photographies) accompagnant cette description permettra de conserver plus précisément la mémoire de la forme et de la nature de l'instrument. S'agissant des photographies, il vaut mieux les multiplier sur le terrain que regretter d'avoir omis certains aspects de l'instrument. Il faut donc prendre des clichés d'ensemble, sous plusieurs angles, ainsi que des clichés rapprochés de différentes parties ou de différentes particularités (un petit motif gravé, l'attache d'une corde, la cheville qui maintient la peau d'un tambour, le mirliton d'un résonateur) de l'instrument dont on peut découvrir plus tard qu'ils ont une importance particulière, acoustique ou symbolique. Suivre le processus de fabrication de l'instrument est riche d'enseignements aussi bien musicologiques au sens étroit du terme qu'anthropologiques. Si la facture peut être conçue comme une série d'actes purement techniques, elle peut aussi avoir une dimension cérémonielle liée aux circonstances dans lesquelles l'instrument sera joué : un tambour qui servira exclusivement à des danses de divertissement ne sera pas toujours fabriqué de la même manière qu'un tambour royal ou qu'un tambour utilisé dans des cérémonies de divination. Même des instruments « profanes » peuvent être entourés de rites propitiatoires destinés à les doter d'une « puissance » qui assurera la qualité de la musique jouée et, par exemple, permettra d'emporter des compétitions musicales : couper le bois sous la pleine lune, oindre la caisse de résonance d'une matière sacrée sont, dans certaines cultures, des assurances que l'instrument sonnera bien et touchera les auditeurs. Enfin, dans le cas des instruments éphémères (voir encadré ci-dessous) – que l'on fabrique pour une occasion et que l'on ne conserve pas une fois qu'ils ont été utilisés –, il faut évidemment collecter toutes les informations nécessaires à la description et les photographier le plus rapidement possible : tant qu'ils existent. Dans tous les cas, l'utilisation de la vidéo est précieuse pour suivre les processus de facture instrumentale, en multipliant autant que faire se peut les angles de prise de vue et les gros plans sur les gestes.

Il est, enfin, utile de rapporter des instruments (acquis, évidemment, avec le consentement des autorités locales, facteurs, musiciens et experts) afin d'enrichir les collections des musées des régions d'où viennent les ethnomusicologues et de ceux des métropoles, nationales ou régionales, des pays où se sont déroulées les enquêtes. Ces collections favorisent le travail des spécialistes de l'organologie. Disposant des instruments, ils peuvent en observer, en détail et à loisir, aussi bien les diverses particularités, que l'organisation et l'esthétique d'ensemble - ce qui n'est pas toujours possible sur le terrain. Ils peuvent également, dans le cas des instruments dont les hauteurs sont censées demeurer stables (les xylophones par exemple) procéder à des mesures très précises pour déterminer leur accordage et, par corollaire, les échelles utilisées lorsqu'ils sont joués. Les instruments ainsi déposés peuvent également être utilisés à des fins pédagogiques, pour mieux faire connaître, et comprendre, la musique pratiquée dans une société et la place qu'elle y occupe.

LES INSTRUMENTS ÉPHÉMÈRES (PAR SIMHA AROM)

À la différence des instruments qui n'ont d'autre vocation que de produire de la musique, on appelle « éphémères » ceux qui sont façonnés sur le champ en vue d'une utilisation immédiate, ou des objets qui sont détournés de leur destination première pour être ensuite abandonnés ou revenir à leur fonction ordinaire. Loin d'être improvisés, ils font partie intégrante de la culture, puisqu'ils portent un nom dans la langue vernaculaire. En Afrique, parmi les premiers, on trouve des sifflets, utilisés seuls ou en paires et l'arc musical ; dans les seconds figurent les tambours d'eau, les machettes appariées, ainsi qu'un instrument plus insolite, « la branche qui parle ». Ces instruments éphémères témoignent de l'ingéniosité de musiciens qui entendent trouver en toutes circonstances le moyen de faire varier les sonorités et les procédés autant qu'ils le peuvent. Certains d'entre eux, l'arc musical notamment, montrent comment se construit symboliquement le rapport entre la musique, l'environnement et les matériaux naturels, et le monde surnaturel.

Tambours d'eau

Un tambour d'eau est formé de deux demi-calebasses évidées de tailles différentes dont la plus grande est remplie d'eau ; la plus petite, renversée, flotte à la surface de l'eau. Cette dernière est percutée à mains nues ou par les doigts revêtus d'anneaux métalliques, ou encore avec de fines baguettes. Les formules rythmiques ainsi exécutées servent à accompagner le chant. On trouve cet instrument en Afrique, au Mexique et en Nouvelle Guinée. On qualifie également de « tambour d'eau » la technique qui consiste, au cours des baignades dans une rivière ou un marigot, à enfoncer vigoureusement les paumes des mains, creusées en cuiller, à diverses profondeurs dans l'eau, ce qui engendre une grande variété de timbres ; un étonnant soubassement rythmique est ainsi donné aux chants qu'exécutent enfants et adolescents en se baignant. En Afrique, les jeunes filles baka[9] et bulu (Cameroun) ou yaka (République démocratique du Congo) pratiquent ce jeu musical que l'on rencontre aussi aux îles Salomon et au Vanuatu.

Lames de fer entrechoquées

Pour accompagner nombre de leurs polyphonies vocales, les Pygmées aka produisent des figures rythmiques fort complexes au moyen de deux lames de fer que l'un d'eux entrechoque. Il est significatif que dans leur langue, ces lames portent un nom différent selon qu'elles sont utilisées en tant que machettes ou en tant qu'instruments de musique.

---

9. Simha Arom et Patrick Renaud, *Cameroon : Baka Pygmy Music* [1977], Paris, UNESCO, 1990, plage 8.

« La branche qui parle »

Chez les Nzakara, établis en Centrafrique sur les rives de l'Oubangui, les femmes ont un répertoire de chants de divertissement pour l'accompagnement duquel elles confectionnent sur place un instrument d'un type particulier, nommé *ɔ̀ngúnà nà bāgādà*, littéralement « la branche qui parle ». Sa mise en place nécessite une grande poterie sphérique ou « canari », une longue branche, deux baguettes de bois et la participation de trois femmes. L'une d'elles, assise sur le sol maintient la poterie à la verticale. La base de celle-ci repose sur une branche obliquement adossée à un arbre et immobilisée par une deuxième femme. Dans un mouvement régulier de va-et-vient, la première obture et dégage alternativement l'ouverture du canari avec son buste, cependant que la troisième, accroupie, frappe la branche à l'aide des deux baguettes de bois. La branche percutée communique ses vibrations à la poterie, qui fait ainsi office de résonateur. Le mouvement du buste de la femme qui tient le canari provoque un changement de hauteur selon qu'elle ferme l'ouverture ou la dégage. Outre le son fondamental – résultant du frappement de la branche – est ainsi obtenu un effet semblable à un *glissando* de timbale. Le rôle de « la branche qui parle » consiste en la répétition ininterrompue d'un seul et même motif rythmique pour tous les chants que l'instrument accompagne.

Sifflets

Sur le chemin du retour d'une chasse fructueuse, les Pygmées aka chantent en s'accompagnant d'un ou deux sifflets ; ils sont faits de pétioles de papayer qui sont naturellement creux, de sorte que la cloison en constitue la base. On souffle dedans comme dans une clé forée, ce qui produit un seul et même son. Ce sifflet présente la particularité de fusionner musique vocale et instrumentale puisque son utilisateur fait alterner de façon régulière et très rapide les sons sifflés avec d'autres, chantés, dont certains en voix de tête. Lorsque le chant est accompagné par deux sifflets, ceux-ci sont accordés à l'intervalle d'un ton, et à chacun d'eux est assigné un motif mélodico-rythmique propre qui s'entrecroise avec celui de l'autre.

L'arc musical ngbaka

C'est l'instrument le plus primitif et le plus ancien de tous les cordophones. Présent en Afrique, en Asie, aux Amériques, aux Indes et en Océanie, il illustre la mise en œuvre la plus simple du principe sur lequel reposent tous les instruments à corde. Il en existe une très grande variété, selon le type de résonateur employé, qui peut être la bouche de l'instrumentiste, une cavité dans le sol, une demi-calebasse évidée ou une petite poterie. Certains arcs sont pincés, d'autres frappés ou encore frottés par un archet ou une baguette. Le *mbèlà*, par exemple, arc en bouche des Ngbaka de République centrafricaine, est constitué d'une lanière végétale tendue entre les deux extrémités d'une branche recourbée. Le musicien tient l'instrument posé à la verticale sur l'un de ses genoux, à l'appui sur la branche courbe, de façon à ce que la lanière reste horizontale et passe entre ses lèvres mais sans les toucher. Cette lanière fait office de corde. Le joueur la met en vibration en la frappant d'un mouvement de va-et-vient rapide et régulier avec une baguette en rotin dont le bout est articulé et qui agit comme un plectre. Dans l'autre main, il tient à la verticale, entre le pouce et l'index, une tige de fer qu'il appuie contre la corde pour en raccourcir la longueur vibrante. Le *mbèlà* produit ainsi deux sons fondamentaux situés à un intervalle d'un ton.

Malgré son apparence rudimentaire, c'est un instrument de musique dont le mode d'utilisation est extrêmement subtil. La particularité de la technique de jeu tient au fait que la cavité buccale du musicien fait office de résonateur à volume variable : en modifiant la position des lèvres, de la langue et le volume de sa cavité buccale (c'est-à-dire en soulevant ou en abaissant le voile du palais), il sélectionne et amplifie certains sons de la série des harmoniques produits par les deux sons fondamentaux. Il en résulte un contrepoint à deux parties dans des registres fort éloignés : un motif *ostinato* dans le grave sur lequel se greffent, dans l'aigu, nombre de mélodies engendrées par les harmoniques que le musicien sélectionne et qui produisent des sonorités d'une rare délicatesse. Il chante tout en s'accompagnant de l'instrument, dont le rôle se limite alors au motif obstiné, cependant qu'entre les couplets chantés se font entendre les élaborations mélodiques engendrées par les sons harmoniques [10].

Le *mbèlà* assume une fonction rituelle, intrinsèquement liée à la chasse au piège. C'est le soir, de retour au campement, que le chasseur chante et joue les *sī-mbèlà*, chants rituels de l'arc : il s'agit d'incantations au moyen desquelles il demande aux génies de la forêt, les *mìmbó*, de lui être favorables, en guidant vers les pièges antilopes et gazelles. Trappeur, piège et *mbèlà* forment une triade indivisible dont les composantes sont en interaction permanente. La forêt est un monde à part et ni les pièges ni l'arc musical, confectionné dans les mêmes matériaux que ceux-ci, ne doivent en sortir. Une fois joué, on l'y abandonne [11].

---

10. Simha Arom, *L'arc musical ngbaka*, film réalisé par Robert Sève, Paris, CNRS Images Média, 1970, 16 mm, 11'.

11. On peut également signaler l'existence d'arcs en terre (une corde est fixée à une large feuille de pandanus maintenue au-dessus d'une petite fosse creusée dans le sol). Par ailleurs, d'autres arcs, dans d'autres régions, sont devenus pérennes et font partie intégrante de l'instrumentarium local. On trouve en Afrique australe une grande variété de ces instruments, avec résonateur en calebasse ou buccal, à corde frappée ou frottée. Utilisés pour accompagner le chant individuel ou collectif, ils ont une fonction mélodique et c'est dans la série des harmoniques que sont sélectionnés les sons sur lesquels sont basées des pièces ou des séquences où la voix n'intervient pas. Il faut leur ajouter le *lesiba* naguère joué par les Sotho d'Afrique australe, autrefois utilisé dans toute la région et probablement d'origine khoi ; il possède la particularité d'avoir une penne de plume de vautour aplatie attachée d'une part au bâton de l'arc, de l'autre à une corde en boyau aboutissant à l'autre extrémité du bâton. Le musicien tient la penne entre ses lèvres et la met en vibration en soufflant, vibration communiquée à la corde qui produit une fondamentale cependant que les harmoniques sont obtenues par variation de l'intensité du souffle. Au Brésil, le *berimbau* a un rôle essentiellement rythmique.

Bibliographie

Enquête

Arom, Simha, « L'étude des échelles dans les musiques traditionnelles : une approche interactive », *Analyse musicale*, nº 23, 1991, p. 22-24.

—, *La boîte à outils d'un ethnomusicologue*, textes réunis et présentés par Nathalie Fernando, Montréal, Presses de l'Université de Montréal, 2007.

Copans, Jean, *L'enquête ethnologique de terrain*, Paris, Nathan, 2002.

Martin, Denis-Constant et Yannopoulos, Tatiana, « De la question au dialogue : à propos des enquêtes en Afrique noire », *Cahiers d'études africaines*, vol. 18, nº 3, 1978, 421-442.

Olivier de Sardan, Jean-Pierre, *La rigueur du qualitatif : les contraintes empiriques de l'interprétation socio-anthropologique*, Louvain-la-Neuve, Academia Bruylant, 2008.

Todorov, Tzvetan, *Nous et les autres : la réflexion française sur la diversité humaine*, Paris, Éditions du Seuil, 1989.

Apprentissage des instruments

Berliner, Paul, *The Soul of Mbira : Music and Traditions of the Shona People of Zimbabwe*, Chicago, The University of Chicago Press, 1993; 1978 ; 1981.

Helmlinger, Aurélie, « Geste individuel, mémoire collective, le jeu du pan dans les steelbands de Trinidad et Tobago », *Cahiers de musiques traditionnelles*, vol. 14, 2001, p. 181-202.

—, *Pan Jumbie : mémoire sociale et musicale dans les steelbands (Trinidad et Tobago)*, Nanterre, Société d'ethnologie, 2012.

Hood, Mantle, « The Challenge of Bi-Musicality », *Ethnomusicology*, vol. 4, nº 2, 1960, p. 55-59.

Solis, Ted, *Performing Ethnomusicology : Teaching and Representation in World Music Ensembles*, Berkeley, University of California Press, 2004.

Arcs musicaux

CAMP, Charles et NETTL, Bruno, « The Musical Bow in Southern Africa », *Anthropos*, vol. 50, nº 1-3, 1955, p. 65-80.

GRAHAM, Richard, « Technology and Culture Change : The Development of the “Berimbau” in Colonial Brazil », *Latin American Music Review/Revista de Musica Latinoamericana*, vol. 12, nº 1, 1991, p. 1-20.

Chapitre V

LA COLLECTE

Après la présentation, dans les chapitres précédents, de quelques principes généraux qui doivent guider la manière de conduire une enquête, ce chapitre aborde des questions plus techniques concernant les manières de recueillir et de conserver les données du terrain. Nous commencerons par évoquer les aspects techniques du travail sur le terrain – ceux qui concernent la fixation des données sur supports audios et audiovisuels –, avant de considérer la manière dont il convient de constituer un corpus musical à des fins d'analyse.

Enregistrements sonores et visuels

Au cours du travail sur le terrain, c'est toujours la situation qui dicte la manière d'effectuer un enregistrement sonore. Une première distinction s'impose selon la circonstance qui nécessite d'enregistrer à l'intérieur ou en plein air.

Enregistrer en intérieur présente nombre d'avantages : les musiciens ne sont pas distraits par des bruits extérieurs (circulation, conversations, pleurs d'enfants et cris d'animaux domestiques, que l'enregistrement capterait également), et le souffle du vent est atténué. Les enregistrements effectués ainsi sont de meilleure qualité, mais il est bon, dans la mesure du possible, de disposer d'un local dont l'acoustique ne soit pas trop réverbérante.

Dans nombre de circonstances, lorsqu'on enregistre de grands ensembles ou un rituel qui ne peut s'exécuter qu'en certains sites, il n'est pas possible d'enregistrer en intérieur, il faut donc travailler en plein air, ou en « semi-plein air », c'est-à-dire sous un abri artificiel. C'est notamment le cas en milieu rural en Afrique subsaharienne, mais tout autant sous d'autres latitudes, en Amazonie ou en Asie du Sud-Est, par exemple. Dans ces conditions, la prise de son est plus délicate à gérer. Il faut alors mettre en place avec les moyens du bord un « studio de brousse » : trouver un espace abrité du soleil, du vent et de la pluie, à l'écart d'une route ou d'une piste et offrant des conditions acoustiques propices. Le « studio » minimal peut être constitué de deux arbres à feuillage dense accolés, des manguiers par exemple, dont la ramure donne à la fois de l'ombre et une certaine réverbération. Dans la catégorie « semi-plein air », on peut avoir recours à un grand auvent (comme ceux qui sont destinés à abriter des récoltes ou, le cas échéant, des engins agricoles), ou à des édifices sommaires où l'air circule librement (comme certaines cases de réunion, écoles ou églises en milieu tropical que l'on a obtenu l'autorisation d'utiliser). Dans ces conditions, il faut être extrêmement vigilant pour éviter que l'enregistrement ne soit perturbé par des bruits parasites souvent dus à des attroupements de badauds.

Deux facteurs contribuent de façon cruciale à la qualité de l'enregistrement : l'équilibre entre les différentes sources sonores en présence et l'emplacement des microphones.

L'équilibre entre les différences sources

Ce point concerne avant tout l'enregistrement de formations instrumentales. Lorsque des instruments de types différents jouent ensemble, il peut y avoir entre eux de grands écarts dynamiques. Il est alors important de veiller à ce que l'on puisse entendre ceux dont la sonorité est la plus faible. La difficulté peut être contournée en plaçant ces derniers au premier plan. Quant aux instruments puissants – tels que les trompes ou les cloches – il faut atténuer leur intensité, d'une part, pour maintenir l'équilibre sonore et, d'autre part, pour éviter des distorsions : la solution consiste alors à les éloigner autant que possible des microphones et, si cela ne suffit pas, à poster devant chacun d'eux une personne qui fait office d'« écran sonore » en absorbant une partie du son.

L'emplacement des microphones

Disons d'emblée que l'utilisation d'un support fixe pour les microphones est à déconseiller. En effet, l'enregistrement de musiques non écrites où l'improvisation est fréquente, peut réserver des surprises non négligeables : un instrument fait des variantes insoupçonnées; une voix émerge du chœur pour se livrer spontanément à de riches variations, etc. La seule manière de ne pas se trouver « piégé » par tout événement inattendu, consiste à être mobile : le chercheur, son enregistreur, ses microphones doivent pouvoir bouger. L'enregistreur attaché autour de son cou, l'ethnomusicologue tient dans une de ses mains ses deux microphones couplés, fixés sur une poignée, l'autre main lui servant à modifier, lorsque nécessaire, le niveau dynamique. Grâce à sa liberté de mouvement, il peut aussi bien s'approcher d'un musicien dont il veut saisir une subite improvisation, tout en baissant le réglage du volume de son appareil, que s'éloigner, pour obtenir un plan sonore « panoramique » de la formation qu'il est en train d'enregistrer. Pour faire image, il utilise ses microphones comme le ferait un cinéaste en « zoomant » avec sa caméra. Reste une condition importante à respecter : les deux microphones doivent impérativement être dirigés dans le même axe, à un angle de 90° par rapport à la source sonore.

Ceci étant, avant d'enregistrer, il est indispensable d'effectuer ce qu'il est convenu d'appeler la « balance » : une fois les musiciens en place, le chercheur leur demande d'exécuter la pièce qu'il va recueillir cependant que, affublé de son équipement, il se déplace – s'avançant, reculant, tenant ses microphones à différentes hauteurs – jusqu'à trouver l'emplacement optimal, celui où il captera de la manière la plus claire aussi bien l'ensemble que les détails. Il y a toujours dans l'espace *un* point où le résultat sonore est meilleur que dans tous les autres, point que l'on pourrait qualifier d'« épicentre du bon son ». C'est ce dernier qui servira d'emplacement de référence pour l'enregistrement à venir.

La règle d'or pour réussir dans les conditions de terrain des enregistrements de qualité tient en quelques mots : mobilité, écoute attentive et concentrée, imagination et sensibilité.

Autres recommandations pour l'enregistrement audio

– Pour éviter toute mauvaise surprise, il est prudent de se munir, avant de partir en mission, de quatre fois la quantité de bandes ou de cassettes que l'on estime nécessaire ;
– il vaut mieux éviter les microphones incorporés à l'enregistreur (et quand on utilise, à défaut d'autre matériel disponible, de petits enregistreurs à microphones incorporés, il faut bien régler la direction et l'angle d'enregistrement et éviter les frottements sur le boîtier qui se trouveraient automatiquement captés par les microphones) ;
– bien sélectionner les microphones, directionnels ou omnidirectionnels, selon la dimension de l'ensemble que l'on enregistre ;
– ne jamais enregistrer en extérieur sans avoir placé des bonnettes anti-vent sur les microphones ;
– une fois terminée une session d'enregistrements, en faire aussitôt une copie de sauvegarde ;
– faire des annonces enregistrées au début de chaque pièce : date, lieu, groupe, nom des musiciens, circonstance, composition de l'ensemble (voix, nomenclature des instruments et noms vernaculaires), origine de la pièce (répertoire, compositeur lorsqu'il est connu, ancienneté lorsqu'elle peut être estimée) ; à quoi peut être ajoutée l'autorisation d'enregistrement accordée par les musiciens et / ou les autorités locales ;
– numéroter bandes, cassettes et fichiers informatiques avec mention de l'année et du n° de la mission ;
– enregistrer autant que possible chaque pièce plusieurs fois par le(s) même(s) musicien(s), puis par d'autres ;

c'est là une condition indispensable afin de disposer de plusieurs versions et de pouvoir en recueillir des variantes, ainsi que pour toute étude comparative ;
- pour l'enregistrement de polyphonies ou polyrythmies complexes, on peut aujourd'hui utiliser des enregistreurs multipistes portatifs et autonomes qui permettent de capter simultanément, sur des pistes différentes, leurs parties constitutives ;
- lorsqu'on travaille sur des musiques mesurées (voir plus bas), on s'assurera de disposer de l'étalon temporel qui en régule le flux ; la transcription pertinente d'un morceau exige en effet la mise au jour préalable de la pulsation qui lui est inhérente ; dans les cas où cet étalon est sous-jacent à la réalisation d'un morceau, il est essentiel de le matérialiser ; la solution à la fois la plus simple et la plus efficace consiste à demander à l'un des exécutants de réécouter l'enregistrement et d'y superposer des battements de mains réguliers.

Photos

C'est un lieu commun de dire que les photos constituent un élément indispensable pour documenter le travail de terrain. Bien qu'elles ne captent que des situations statiques, elles permettent, lors de la publication de l'étude, d'illustrer et de commenter bien des aspects abordés au cours de la recherche. Il peut également être utile de disposer de portraits de certaines personnes ayant pris part au travail de terrain : musiciens, bien entendu, mais aussi Anciens, experts, traducteurs, chefs d'une confrérie ou d'une société secrète, auditeurs, et autres. Bref, la photo est utile pour fixer des situations – et leur environnement – liées d'une manière ou d'une autre à la pratique musicale. Elle permet notamment de montrer :

- la disposition des ensembles musicaux ou chorégraphiques,
  - disposition des participants : d'un chanteur solo par rapport au chœur ;
  - positions respectives de deux chœurs chantant ensemble ;
  - positionnement des instrumentistes, aussi bien de ceux qui accompagnent le chant que de ceux qui forment un groupe exclusivement instrumental ;
  - positions caractéristiques des danseurs dans telle ou telle chorégraphie ;
- les masques et les costumes de danse :
  - ils feront l'objet de prises de vue sous différents angles : de face, de dos, de profil, de trois-quarts ;
- les instruments de musique :
  - vue générale et parties constitutives ;
  - rapports corps / instrument, tenue de l'instrument en situation de jeu et, si possible, gros plans permettant de mieux comprendre les techniques de jeu ;
  - différentes phases de la fabrication.

Films

Le film – aujourd'hui plus communément la vidéo – fait ce que la photo ne peut pas : témoigner du mouvement d'un événement pendant son déroulement en en captant également les sons. Il peut s'agir d'une cérémonie, d'une veillée, d'une simple soirée de danse, de la manière dont se déroule une séance de guérison où la musique intervient, de la fabrication d'un instrument, d'une session d'enregistrement, d'un concert, d'une expérimentation ou de tout autre événement ayant un rapport avec le travail du chercheur. Vue la durée de certains événements, il ne peut être question de les capter dans leur intégralité. Il est donc recommandé de s'informer au préalable, lorsque c'est possible, des différentes étapes de leur déroulement et de leur contenu, afin de ne pas risquer de « manquer » les moments les plus significatifs et / ou les plus spectaculaires [1].

Il est particulièrement important de constituer une documentation audio-visuelle lorsque la recherche inclut l'observation et l'analyse de :

- cérémonies rituelles qui comportent des danses et / ou la participation de masques ;
- différentes phases de la construction d'instruments de musique – ce d'autant plus qu'ils sont peu ou pas inventoriés – et, une fois celle-ci achevée, leur utilisation *in situ* et leurs techniques de jeu.

Photos et films

La destination de photos et de documents audiovisuels n'est pas la même : les photos servent surtout à l'illustration de textes écrits, de notes accompagnant un disque ou encore de présentations avec PowerPoint ; les films, une fois montés et, le cas échéant, dotés de commentaires et de titres et sous-titres, deviennent des documents autonomes destinés à rendre compte de la recherche. Il est donc prudent de ne pas privilégier les seconds au détriment des premières.

1. Nombre de cérémonies comportent des phases indispensables, cependant que d'autres sont facultatives. Il importe, dans tous les cas, de capter au moins les premières.

Qu'il s'agisse de photo ou de film, l'aspect le plus important de toute captation d'image est l'angle de prise de vue. Celui-ci doit en premier lieu être pertinent par rapport à ce que l'image veut montrer. Ainsi, la photo d'un instrument à cordes qui ne permet pas de distinguer le nombre de celles-ci présente un intérêt limité. Le chercheur doit donc savoir, avant d'appuyer sur le déclencheur, quelle est la raison d'être de la photo qu'il s'apprête à prendre ou de la séquence qu'il est sur le point de filmer et viser sous un angle qui place visiblement dans le champ ce dont il a besoin de conserver une trace claire; par exemple, dans le cas où il photographie ou filme un joueur de flûte à embouchure « frontale » (comme une flûte à bec), une prise de face ne permet pas de déterminer si l'instrument possède ou non, outre les trous de jeu bien visibles sur sa face supérieure, un autre orifice, destiné à l'un des pouces, sur sa face inférieure; il en va de même pour la photo ou le film d'un masque, du costume d'un chamane, d'un féticheur ou de celui d'un danseur. C'est pourquoi il vaut mieux prendre plusieurs photos d'un même sujet ou objet, sous différents angles, avec le souci constant de montrer ce qui est caractéristique et, de ce fait, pertinent. Les matériels numériques dont on dispose aujourd'hui ont, outre l'avantage de leur légèreté et de leur polyvalence, l'intérêt de permettre l'examen immédiat des clichés qui ont été pris ou des séquences qui ont été filmées; il ne faut donc pas hésiter à regarder ce qui vient d'être capté afin, si possible, de recommencer les prises si elles ne sont pas satisfaisantes.

ENREGISTREMENT EN OU HORS CONTEXTE ?

Faut-il enregistrer en contexte, au moment même où se produit l'événement musical, ou bien hors-contexte, c'est-à-dire demander à ce qu'il soit reproduit hors des circonstances dans lesquelles il prend habituellement place ? La question se pose, qu'il s'agisse d'enregistrement audio ou vidéo, et chacune de ces deux options a ses avantages et ses inconvénients. Avec la collecte *in situ* qui capte ce qui aurait eu lieu sans la présence du chercheur, on obtient un document situé dans son contexte. Cette captation est précieuse si la recherche se situe dans la perspective de l'écologie acoustique qui vise à l'analyse du *soundscape* (paysage sonore) pour mieux comprendre les relations entre les êtres vivants et leur environnement, telles que médiatisées par le sonore[2]. Toutefois, les inconvénients de cette procédure sont nombreux, surtout lorsque l'enregistrement doit servir de base à la transcription puis à l'analyse de la musique traitée isolément. Ces inconvénients concernent, en premier lieu, un aspect psychologique : le chercheur risque d'être perçu comme un intrus, et peut se sentir lui-même comme tel. Il n'est pas aisé, par exemple, lors d'un rituel funéraire, alors que tous les proches du défunt se trouvent assis autour de sa dépouille, d'exhiber un magnétophone pour enregistrer les lamentations psalmodiées par les femmes. C'est ce qui arriva à Simha Arom lors d'un séjour dans un village somba, au

2. Voir, par exemple, *Soundscape : The Journal of Acoustic Ecology*, http://wfae.proscenia.net/journal/index.html, consulté le 21 avril 2014; Steven Feld, « Voices in the Forest : A Village Soundscape », Bosavi : Rainforest Music from Papua New Guinea, Washington, Folkways Recording, 2001, CD n°2, plage 10.

Bénin[3]. Un notable étant décédé, il fut invité par l'autorité traditionnelle locale à assister et à enregistrer les différentes phases du rituel funèbre. Néanmoins, arrivé sur la « place mortuaire », il ne put se décider à sortir son Nagra et à brancher les microphones comme si de rien n'était, jusqu'à ce qu'un membre de la famille vienne lui demander pourquoi il n'enregistrait pas…

L'enregistrement en contexte pose également des problèmes techniques. Dans bien des cérémonies, il y a constamment du mouvement : sortie subite d'un masque, ce qui provoque parfois une cohue ; déplacement des danseurs comme des autres participants, entrée en transe d'un ou plusieurs acteurs, pleurs des enfants présents, cris des adultes et autres. Dans de telles conditions, il est souvent difficile d'effectuer une prise de son de qualité. Aussi, l'avantage que constitue la capture en direct d'un événement se trouve souvent annulé par les inconvénients inhérents à ce type de situation. C'est pourquoi, lorsque cela est possible, il est bon de réaliser, outre la prise *in situ*, un autre enregistrement, hors contexte, à la demande du chercheur, qui a toutes les chances de se dérouler dans des conditions plus favorables. Si les acteurs s'opposent à la reconstitution d'une cérémonie rituelle hors contexte, l'enregistrement en situation demeurera.

Les enregistrements provoqués, à condition d'être supervisés par les experts locaux, peuvent présenter la même garantie d'authenticité que les autres. Deux exemples centrafricains le montrent.

3. Voir dans le chapitre 1, la section intitulée : « L'aventure de l'enterrement somba ».

Enregistrements provoqués (par Simha Arom)

Un jour, roulant en voiture en pays ngbaka-manza, j'aperçois un attroupement dans un village situé au bord de la route. Je m'arrête pour en demander la raison. Il s'agit d'une séance de guérison pour une maladie féminine et on m'invite à y assister. Près d'une petite hutte gît un cabri égorgé ; un peu plus loin, une femme est étendue sur une natte, autour de laquelle s'affairent la thérapeute et son assistante, toutes trois tour à tour possédées au son de chants collectifs accompagnés par un xylophone et trois tambours. Le rituel étant en cours, j'ai demandé s'il me serait possible de revenir pour l'enregistrer. On me répondit que pour ce faire, il faudrait reconstituer le rituel, c'est-à-dire reconstruire la hutte, sacrifier un cabri et convier une malade ou une personne ayant eu cette maladie, la guérisseuse, son assistante et les musiciens et, précise-t-on, « ça coûte beaucoup d'argent… ». Ayant accepté la prise en charge des frais, une date fut convenue. Lors de cette reconstitution, les acteurs principaux tombèrent à nouveau en transe, quelques instants après l'entrée en action des musiciens.

Un événement semblable se produisit chez les Pygmées aka au cours de l'enregistrement provoqué d'une cérémonie de divination. Le rituel, nommé *bòndó*, vise à déterminer les causes d'une disharmonie sociale, d'une maladie grave ou d'une mort suspecte, phénomènes que seul un maléfice peut provoquer. En présence de tous les membres du campement réunis autour d'un brasier et sur fond de chants accompagnés de deux tambours et d'un hochet, le devin – qui est également guérisseur – danse, voit dans le feu la cause du désordre et établit le diagnostic ainsi que, le cas échéant, la thérapie à appliquer. Au préalable, il a déposé sous sa langue un fragment de la racine à propriété hallucinogène de l'arbuste *bòndó*, d'où le nom du rituel. Aussi n'est-il pas rare, dans la dernière phase de celui-ci, que le devin, soudain pris de tremblements puis de véritables convulsions tombe sur le sol dans un état cataleptique. Son corps se tend comme s'il était atteint de rigidité cadavérique et il faut un long moment aux femmes qui le massent pour lui faire reprendre conscience. C'est exactement ce qui se produisit lors d'un enregistrement provoqué, effectué hors contexte. Le devin, comme à l'accoutumée, avait posé le bout de racine sous sa langue, ce dont j'étais loin de me douter. Soudain il s'écroula, le corps parfaitement raide, et les femmes se précipitèrent pour sortir le végétal de sa bouche et le masser. Il semble que le devin ne pouvait « jouer » le rituel, mais devait le reproduire dans toutes ses composantes.

Ces exemples laissent penser que le pouvoir de suggestion de la musique est si puissant que, pour ceux qui participent à un rituel dont elle est un élément essentiel, exécuter la musique revient à se retrouver dans la situation habituelle au cours de laquelle intervient le répertoire approprié. Ils indiquent également que, sur le plan structurel, le déroulement d'un événement reconstitué par les mêmes acteurs qu'à l'origine, reproduit fidèlement cet événement, tel qu'il prend place dans la vie « ordinaire ». C'est la raison pour laquelle les enregistrements hors-contexte ne sont pas moins « vrais » que les autres.

Il ne faut toutefois pas oublier que, lors de l'enregistrement sur le vif de certaines cérémonies (un rituel de guérison, par exemple, ou de funérailles), le chercheur ignore ce qui l'attend ; il en a, au mieux, une vague idée selon ce que lui auront dit ses interlocuteurs. Dès lors, il faut tenter de recueillir l'événement dans son intégralité. Une grande vigilance est ici requise pour assurer la qualité technique de l'enregistrement, car il est rare qu'un rituel – ou la partie dont l'enregistrement est insatisfaisant – puisse être reconstitué hors contexte.

Constitution du corpus

Un corpus est ici entendu comme un ensemble des documents sélectionnés, à partir de critères définis selon l'objet de la recherche, en vue de leur étude systématique; il peut être constitué sur la base de l'ensemble des musiques pratiquées dans un lieu donné, ou comporter plus sélectivement des performances associées à certaines circonstances, impliquant certains instruments ou certains groupes sociaux. Dans le cas de recherches portant sur des musiques commercialisées, le corpus inclut parfois l'ensemble des enregistrements d'un artiste, d'un genre, d'un label ou des prises effectuées dans un studio ou dirigées par un producteur, mais le plus souvent le chercheur doit opérer une sélection et n'en présenter qu'un échantillon.

La constitution du corpus fait appel, d'une part, à des enregistrements sonores et, d'autre part, à l'ensemble des données qui permettent de situer une pratique musicale dans son contexte socioculturel. Il existe de nombreuses manières d'opérer suivant la connaissance préalable que l'on a de la société dans laquelle on travaille. Il n'y a pas, en ce qui concerne l'enquête et la collecte, de procédure préétablie valable dans toutes les situations. Au départ, une approche empirique peut être la plus appropriée, à condition d'être guidée par un fil conducteur : quels que soient le thème ou le sujet de l'enquête et l'aspect par lequel on les aborde, l'investigation initiale ouvrira des pistes susceptibles de saisir les rapports existant entre les différentes données recueillies. On peut, par exemple, commencer par s'intéresser aux circonstances pour lesquelles telle communauté fait appel à la musique puis aborder, par ce biais, l'étude des instruments et des répertoires qui leur sont liés. Il s'agit, dans tous les cas, d'établir un inventaire provisoire, mais aussi complet que possible, des pièces qui constituent le patrimoine musical de cette communauté et de déterminer leurs modalités de regroupement en ensembles.

Dans la perspective de la catégorisation d'un patrimoine musical, la collecte du matériel sonore passe par l'enregistrement d'un échantillon représentatif de pièces relevant des différents répertoires. En vue d'une analyse plus approfondie, il est cependant nécessaire d'effectuer deux types d'enregistrement, l'un « conventionnel », l'autre à vocation analytique. Ce dernier servira à la transcription puis à la description détaillée des caractéristiques musicales et fournira les éléments nécessaires pour comprendre les fondements structurels de la musique.

Contexte

Outre la collecte des données strictement relatives à la musique et à ses modalités d'exécution, l'enquête sur un ensemble de pièces ou une pièce particulière doit aussi s'intéresser au contexte social, symbolique et physique dans lesquels ils sont insérés :

- la structure hiérarchique d'un groupe apparaît dans les règles de préséance qui président à l'organisation de fêtes ou de danses;
- certains répertoires musicaux sont intimement liés aux mythes, à l'éthique et aux systèmes de croyance d'une communauté;
- les paroles des chants interprétés dans le cadre d'une société initiatique usent fréquemment d'un langage

ésotérique, voire d'une langue secrète qui recèlent des indices historiques ;
- les chants de guérison introduisent le chercheur bien évidemment dans le domaine des techniques thérapeutiques et dans celui de la botanique ;
- les musiques liées au calendrier agraire sont le reflet de l'interaction symbolique entre l'homme et le cycle de la vie végétale ;
- plusieurs des domaines auxquels conduit la musique constituent un ensemble qui exprime les conceptions prévalentes des rapports entre les êtres humains et la nature dans une communauté donnée.

La musique constitue un moyen d'accès privilégié à des pans de la culture qui seraient laissés de côté si elle n'était pas étudiée. Pour compléter les enregistrements musicaux, les informations qu'il convient de collecter comprennent par conséquent :

- des données musicales et chorégraphiques : les types de formation vocale et / ou instrumentale, les techniques vocales ou les techniques de jeu que l'on peut observer, le nombre de parties constitutives des pièces, les procédés de mise en polyphonie, les formules rythmiques ;
- des informations linguistiques : les noms des ensembles, les dénominations des pièces, les paroles des chants et leurs éventuelles particularités, la terminologie vernaculaire correspondant aux techniques musicales, le métalangage (de nature souvent métaphorique) ;
- des données symboliques : l'éventuelle intervention des divinités, la symbolique des instruments et des lieux de performance ;

– des données sociales : les circonstances au cours desquelles la musique est produite, ses fonctions, le statut des participants à une performance.

Musiques cycliques et musiques « à développement »

Parmi les musiques enregistrées au cours d'une enquête, il y a lieu de faire une distinction entre celles qui sont cycliques, c'est-à-dire fondées sur la répétition (le plus souvent variée) d'une même substance et celles au sein desquelles le matériau est sujet à développement. Dans le premier cas, lorsque, à l'écoute d'un morceau se dégage l'impression que rien ne se renouvelle plus (y compris en ce qui concerne les paroles), il paraît légitime de cesser l'enregistrement. Dans les musiques à développement, en revanche, il est indispensable de recueillir chaque pièce intégralement. C'est pourquoi, il est recommandé, avant les séances d'enregistrement, de faire une enquête préliminaire afin de se faire une idée, la plus précise possible, de la catégorie musicale à laquelle chaque pièce appartient, mais aussi du type de formation qui l'interprète ainsi que des procédés (monodie, polyphonie et/ou polyrythmie, etc.) qu'elle met en œuvre. S'agissant d'un répertoire particulier, on peut être tenté d'en recueillir l'intégralité – ce qui est rarement réalisable, surtout lorsqu'il est vaste. Dans bien des cas, un nombre de pièces limité (disons entre 5 et 10) s'avère suffisant pour en déterminer les principales caractéristiques musicales. Au fur et à mesure des enregistrements, l'ethnomusicologue peut en arriver à penser que le corpus est saturé, en d'autres termes, que des pièces supplémentaires n'apporteraient pas d'informations nouvelles quant aux procédés musicaux. Il est alors préférable d'enregistrer moins de morceaux, mais de recueillir plusieurs versions de chacun. En effet, dans les musiques transmises oralement où les variations sont le plus souvent fréquentes et riches, il est primordial que toute pièce soit enregistrée à plusieurs reprises, tantôt par les mêmes exécutants, tantôt par d'autres. C'est là une condition indispensable pour repérer par la suite ceux des éléments qui, au-delà des variantes propres à chaque version, demeurent constants, c'est-à-dire les éléments sur lesquels est basée la transmission d'un morceau, sans que son identité ne soit modifiée et qui, par là même, le rendent pérenne. Le fait de disposer pour une même pièce d'un stock des variations qu'elle admet, constitue une étape incontournable sur la voie de sa modélisation et, par extension, de celle du répertoire auquel elle appartient.

Principe de pertinence

Au fur et à mesure que l'enquête progresse, le chercheur accumule et compare des données hétérogènes. Il fait le lien entre elles, les organise et, peu à peu, commence à percevoir leurs rapports et la logique de leur articulation. Il constate que les données qu'il a recueillies au sujet des circonstances d'exécution renvoient à différents ensembles de pièces, c'est-à-dire à des *classes d'objets* dont chacune présente des caractéristiques partagées par l'ensemble des pièces qui la composent. Apparaissent ainsi des régularités dans la correspondance entre circonstance, fonction, vocabulaire et matière musicale qui forment la base à partir de laquelle les systèmes musicaux et leurs significations sociales peuvent être appréhendées. Un corpus, par conséquent, n'est pas une simple collection d'enregistrements, c'est un objet construit qui constitue la matière première de toute recherche. Quelle qu'en soit la destination, il doit être élaboré en vertu d'un principe de pertinence, c'est-à-dire qu'il doit être cohérent. L'enregistrement de pièces isolées décontextualisées n'ayant qu'une valeur anecdotique, il faut éviter d'enregistrer « au petit bonheur » et, au contraire, bien sélectionner les pièces selon les objectifs de la recherche. Il faut y insister : la constitution d'un corpus doit résulter d'une stratégie qui répond aux buts prioritaires que le chercheur s'est donnés.

NOTATION DES TEXTES

En ce qui concerne les paroles des chants collectés, deux options se présentent selon l'objet de la recherche : soit on estime nécessaire d'obtenir une transcription exhaustive et littérale, soit on pense qu'une traduction du sens général suffit. Dans ce dernier cas, le chercheur demandera à un traducteur local de lui en résumer le contenu, tout en prenant soin de noter tous les termes vernaculaires qui pourraient lui être utiles ultérieurement, notamment le nom des divinités, des personnages, des animaux - réels ou mythiques - ou des plantes, en particulier de celles qui sont utilisées à des fins curatives. Lorsqu'une notation intégrale des paroles s'impose et que l'on a une connaissance suffisante du système phonologique de la langue dans laquelle le chant est énoncé, ou que l'on bénéficie de l'assistance d'un lettré local ou d'un interprète auquel ce système est familier, la notation des paroles se fera en respectant les normes du système phonologique. Même s'il est rare que le chercheur satisfasse à cette condition, il s'efforcera à tout le moins d'effectuer une transcription phonétique des paroles aussi précise que possible.

Il n'est pas rare que les chants contiennent des métaphores, des expressions à double sens, des sous-entendus, voire des proverbes ou des devinettes, que le chercheur ne pourra plus décrypter après avoir quitté le terrain. C'est pourquoi il est impératif que la traduction et l'élucidation du ou des sens des paroles soient faites sur place, le plus rapidement possible, dès l'enregistrement achevé. Il faut enfin attirer l'attention sur certaines catégories de chants, propres à des confréries ou à des sociétés initiatiques, souvent énoncées dans une langue secrète. Même lorsqu'on a la chance de pouvoir les enregistrer, il est rare de pouvoir accéder à tous leurs niveaux de signification, les plus ésotériques demeurant le plus souvent réservés aux initiés ; à défaut de pouvoir saisir les sens cachés, on s'efforcera d'obtenir le sens général des paroles ou, plus modestement encore, de se borner à noter les informations concernant les fonctions et les circonstances auxquelles elles sont associées.

Dans tous les cas, il est préférable de recueillir les paroles du chant indépendamment de la musique qui en est le support. Pour ce faire, il vaut mieux utiliser deux enregistreurs, l'un destiné à la lecture, l'autre à l'enregistrement. Sur le premier, on fait entendre au traducteur l'enregistrement du chant, en marquant une pause après chaque verset pour lui demander de déclamer – sans les chanter – les paroles de ce verset dès qu'il les aura entendues ; en enregistrant simultanément l'énonciation de ces paroles sur le second enregistreur, on obtient, à la fin de l'opération, l'intégralité des paroles du chant. C'est à partir de ces dernières qu'il sera ensuite possible d'effectuer une transcription mot à mot des paroles, puis leur traduction littérale ou la synthèse de leur contenu. Enfin, il est deux cas où le relevé des paroles séparément de la musique est essentiel : premièrement, dans une situation où elles sont en partie improvisées; deuxièmement, lorsqu'il s'agit de langues à tons. En effet, dans les langues de ce type, les intervalles mélodiques du chant sont inscrits dans une échelle déterminée, et leur schème tonal peut subir de nombreuses translations alors que, dans le langage parlé – où les tons n'ont pas de hauteur fixe – leur pertinence tient uniquement à l'opposition de leurs hauteurs respectives et non à la grandeur des intervalles qui les séparent.

Bibliographie

Corpus et catégorisation

AROM, Simha *et al.*, « La catégorisation des patrimoines musicaux dans les sociétés de tradition orale », dans Frank Alvarez-Péreyre (dir.), *Catégories et catégorisation : perspectives interdisciplinaires*, Paris, Peeters, 2009, p. 273-313.

Enregistrement en re-recording

AROM, Simha, « The Use of Play-Back Techniques in the Study of Oral Polyphonies », *Ethnomusicology*, vol. 20, n° 3, 1976, p. 483-519.

OLIVIER, Emanuelle, « À propos du re-recording », dans Vincent Dehoux *et al.* (dir.), *Ndroje balendro : musiques, terrains et disciplines. Textes offerts à Simha Arom*, Paris, SELAF, 1995, p. 111-118.

CHAPITRE VI

ANALYSE MUSICALE

L'analyse n'est pas une opération que l'on effectue de retour à son bureau, lorsque le matériel a été collecté ; elle commence sur le terrain même. En fait, toute observation, toute collecte, toute enquête sont guidées par une idée analytique que la recherche devra conforter, rectifier ou invalider. C'est l'idée d'analyser *dans une certaine perspective* les phénomènes observés et enregistrés qui suggère les méthodes et, finalement, sous-tend les recommandations faites dans les chapitres précédents. En outre, c'est sur le terrain même qu'il importe de commencer à transcrire.

ETHNOMUSICOLOGIE ET LINGUISTIQUE STRUCTURALE

Avant d'aborder les questions spécifiques de la transcription, il importe de préciser que les principes méthodologiques préconisés ci-dessous sont tous empruntés à la linguistique structurale. Cinq concepts paraissent nécessaires et suffisants pour l'analyse et la modélisation d'un grand nombre de systèmes musicaux transmis par voie orale. Ce sont ceux d'unité distinctive minimale, de segmentation, de classe paradigmatique ou paradigme, de commutation, de classe d'équivalence.

Deux d'entre eux – la segmentation et la commutation – sont des opérations de traitement des données qui permettent de dégager les trois autres : les unités distinctives minimales, les classes paradigmatiques ou paradigmes et les classes d'équivalence.

- L'*unité distinctive* est le signal mélodique minimal; il se définit par son contraste pertinent de hauteur avec d'autres signaux de même type dont l'ensemble constitue un système scalaire, une échelle musicale.
- Le *segment* est le résultat de l'opération – la *segmentation* – qui consiste à découper une chaîne sonore en unités discrètes, en considérant les éléments identiques qui figurent dans des environnements différents et, inversement, les éléments différents qui figurent dans des environnements identiques.
- Le *paradigme* désigne l'ensemble des unités d'un certain type apparaissant dans un même contexte et pouvant se substituer les unes aux autres.
- Une *classe paradigmatique* est constituée par l'ensemble des termes qui peuvent figurer en un point donné d'une séquence musicale.
- Lorsque des faits musicaux sont, d'un point de vue culturel, considérés comme équivalents, cela signifie qu'ils sont substituables : en conséquence, les termes d'un même paradigme peuvent *commuter.* Par *commutation*, il faut entendre ici l'opération qui consiste à substituer les uns aux autres des termes différents appartenant à un

même paradigme, ainsi que le principe en vertu duquel cette opération peut avoir lieu.
– La *classe d'équivalence* permet de définir des classes par rapport à une relation d'équivalence donnée; cette opération exige que l'on choisisse un point de vue particulier, défini par un critère qui permette de reconnaître au préalable, dans le corpus examiné, les faits sonores considérés par les usagers comme équivalents et de les regrouper en une même classe.

BUTS ET MOYENS DE LA TRANSCRIPTION

La transcription s'impose comme une étape indispensable dans l'élucidation du matériel sonore : elle vise à donner une représentation aussi fidèle que possible des éléments à partir desquels une culture élabore sa musique et, pour y parvenir, il est essentiel de disposer d'un support graphique; elle implique une série de choix et équivaut à une première étape de l'analyse. Dans la pratique, transcription et analyse sont deux activités indissociables : toute étude approfondie d'un morceau ou d'un corpus demeure hors d'atteinte tant qu'une transcription fait défaut.

À quel aspect particulier du matériel sonore faut-il s'attacher pour entamer une analyse pertinente ? En premier lieu, le chercheur réalisera une transcription préliminaire dans laquelle il cherchera des régularités, à des niveaux ou sur des plans qui ne lui sont pas toujours connus d'avance. Il n'est pas rare en effet que des phénomènes qui présentent *a priori* une apparence de chaos révèlent en cours d'analyse un ordre relativement simple. À l'inverse, des matériaux qui se présentent sous une apparente simplicité dissimulent, bien des fois, un ordre complexe. Dans tous les cas, il s'agit de découvrir les critères de pertinence qui régissent le matériel étudié. Or la difficulté tient précisément à ce que la pertinence se niche souvent là où on ne l'attend pas… On peut alors se demander si la transcription doit être aussi fine que possible, c'est-à-dire reproduire tous les détails acoustiques de l'exécution, ou bien se limiter aux seuls éléments significatifs. C'est cette seconde attitude que nous préconisons.

Mesuré / non mesuré

Il existe une distinction fondamentale entre les musiques – aussi bien vocales qu'instrumentales – qui sont dites mesurées, c'est-à-dire constituées de durées dont les valeurs sont proportionnelles et celles qui ne le sont pas. D'une séquence sonore dont toutes les durées entretiennent des rapports strictement proportionnels, on dira qu'elle est mesurée; par non mesurée, on entend une musique au sein de laquelle le temps s'avère rebelle à un étalonnage régulier. Toutefois, l'opposition entre musiques mesurées et non mesurées n'est pas toujours tranchée. Il arrive en effet que dans une même entité musicale certaines sections soient mesurées, alors que d'autres ne le sont pas. En ce qui concerne la musique vocale, le chant non mesuré est utilisé dans un contexte où les paroles priment sur la mélodie qui les véhicule; il est présent dans de nombreuses musiques liturgiques, mais aussi dans des épopées, complaintes ou lamentations funèbres. Le plus souvent, elles sont composées de versets chantés qui regroupent deux ou plusieurs cellules, motifs ou formules mélodiques, chacun correspondant à une unité textuelle dont le tracé épouse le flux prosodique.

En effet, les textes liturgiques étant souvent en prose, la dimension des versets y est extrêmement variable. Ceci a une incidence directe sur la configuration de la phrase chantée qui doit toujours inclure la totalité des paroles du verset correspondant. Tel n'est pas le cas des musiques mesurées au sein desquelles les paroles sont avant tout tributaires du cadre métrique et périodique du chant. Dans ce cas, c'est la musique qui prévaut sur le texte. Deux genres illustrent particulièrement bien la musique instrumentale non mesurée : le *maqâm* de la musique arabo-persane dont le prélude – *taqsîm* – n'est jamais mesuré, tout comme la partie introductive *âlâp* du *râga* indien.

Le nécessaire du transcripteur

– L'établissement d'une transcription implique un va-et-vient continuel entre le document sonore que l'on veut noter et le papier que l'on a devant soi. Aussi est-il impératif de ne pas écrire à l'encre, mais de se munir d'un crayon et d'une gomme douce de bonne qualité...
– Afin de mieux entendre certains détails difficilement perceptibles en temps réel, il est bon de disposer d'un logiciel capable de réduire à volonté la vitesse de défilement du document enregistré, *sans en altérer la hauteur.*
– Pour la transcription de musiques mesurées, tout particulièrement de rythmes complexes et de polyrythmie, il est utile d'utiliser un papier à musique muni de fines stries verticales sur lequel la graphie peut faire apparaître de façon rigoureuse les proportions entre les durées; dans bien des cas, toutefois, la notation des seules figures

rythmiques ou formules polyrythmiques peut être faite sur simple papier quadrillé.

La transcription proprement dite

Dans une large majorité des cultures musicales de transmission orale, l'idée de hauteur absolue n'existe pas. Pour la transcription de ces musiques, il est recommandé de toujours ramener les différentes versions d'une pièce à une seule et même échelle, de manière à éviter au maximum les altérations. Cette façon de faire facilite grandement les opérations ultérieures de comparaison et de modélisation.

Mesures et barres de mesure

Il va de soi que la notation de toute musique non mesurée exclut les barres de mesure. Pour ce qui est des pièces mesurées, deux cas de figure se présentent : lorsque la pièce à transcrire est tributaire d'une accentuation régulière (tous les 2, 3 ou 4 temps, par exemple), les barres de mesure traduisent une réalité sonore; elles ont donc une raison d'être. En revanche, lorsqu'un tel système d'accentuation est absent – ce qui est notamment le cas dans une grande part des musiques subsahariennes –, clôturer telle ou telle quantité métrique dans une mesure conduirait à trahir la conception qu'ont de ces musiques leurs usagers. Dans ce cas, néanmoins, il est essentiel de signaler quels sont les sons ou les silences qui coïncident avec la pulsation : pour les monodies, il suffit d'indiquer la position de celle-ci par de petits traits verticaux que l'on situera au-dessus de la portée; pour ce qui est des musiques polyphoniques, on positionnera ces traits entre les portées sur lesquelles figurent les différentes parties constitutives.

Transcription et segmentation

Autant que faire se peut, la transcription doit faire apparaître la segmentation de la pièce. S'agissant des musiques mesurées, lorsqu'on note des monodies dont la périodicité est régulière, il convient d'en disposer les unités mélodiques de façon rigoureusement verticale les unes sous les autres, en forme de paradigme. C'est là une première étape de l'analyse paradigmatique. Pour ce qui est des monodies dont l'articulation périodique est irrégulière, on s'efforcera d'en disposer les segments de façon à ce que les séquences présentant quelque analogie entre elles se trouvent placées les unes sous les autres[1]. Si nous considérons un paradigme, nous constatons que les termes qui y figurent sont à la fois semblables et dissemblables; ils comportent tous au moins un constituant qui leur est commun et un constituant variant. C'est ce dernier qui permet de distinguer les termes les uns des autres. La position que cet élément différentiel occupe à l'intérieur du paradigme constitue un point de substitution.

La réduction graphique d'une musique non mesurée, afin de rendre compte de la structure d'un morceau, n'a d'autre choix – sous peine de devenir caricaturale – que d'en présenter la substance de façon *schématisée.* Dans ce but, le transcripteur tâchera, en fonction du contenu d'une pièce ou d'un ensemble cohérent de pièces, d'élaborer une *échelle de*

1. Précisons que la lecture des pièces transcrites sous forme de paradigme s'effectue de gauche à droite et de haut en bas, sans tenir compte des « blancs ».

durées[2]. Étant donné qu'il est impossible - et inutile - de rendre compte de façon exacte de la durée de chaque son, l'objectif d'une telle schématisation est de limiter le nombre des oppositions de durée au strict minimum. Pour cette même raison, il paraît licite de faire abstraction des mélismes et autres ornements, puisqu'ils ne sont pas structurellement pertinents, comme de consigner par un seul symbole toute suite ininterrompue de sons émis sur une même hauteur. Il s'agit donc d'une simplification de la représentation du matériau mélodique dans le but d'atteindre sa quintessence. Plusieurs étapes sont parfois nécessaires pour y parvenir. On peut ainsi aboutir à une notation où subsiste uniquement ce qui caractérise l'objet transcrit, c'est-à-dire sa typicalité, qui se traduit le plus souvent par la récurrence, variée ou non, de certaines tournures mélodiques. La notation paradigmatique vaut également pour les monodies non mesurées où la détermination et la segmentation des unités mélodiques (en versets, formules, motifs, cellules) s'appuie souvent sur les pauses et les respirations. Ce type de transcription permet donc, par un simple balayage - vertical, horizontal ou diagonal - des termes de chaque paradigme, de saisir le contenu et l'articulation de chaque unité, par analogie ou par opposition à toutes les autres.

2. Une telle échelle, bien évidemment approximative, sera graduée conventionnellement, en réduisant le nombre des durées en présence, par l'attribution d'un même symbole à celles qui paraissent semblables. Dans les cas simples, l'échelle des durées pourrait se contenter de valeurs telles que « court », « moyen » ou « long »; dans d'autres, il en faudra davantage.

Timbres

Les timbres propres aux instruments ou aux instrumentistes (quand le genre de musique autorise cette forme de personnalisation) apparaissent dans les enregistrements; le plus souvent, il n'est donc pas nécessaire de les noter dans une transcription. Dans les cas où la description du timbre semble importante, elle pourra prendre une forme verbale (usant le plus souvent d'un vocabulaire analogique) ou, plus rigoureusement, être tirée d'une analyse par sonagraphe. La consignation du timbre se révèle surtout nécessaire pour les rythmes produits par des instruments percussifs dont les hauteurs ne tirent pas leur pertinence de la position qu'ils occuperaient dans une échelle prédéterminée mais uniquement de leur valeur contrastive. Ce sont donc les oppositions de timbre qui doivent être symbolisées par un signe qui les différencie (par exemple, lorsque deux timbres s'opposent, on peut noter la hampe en bas pour l'un, en haut pour l'autre) [3].

Musiques polyphoniques

Il est totalement inapproprié de consigner sous forme paradigmatique les musiques polyphoniques, puisqu'une telle présentation ne permet aucune comparaison terme à terme de leurs parties constitutives. En revanche, il peut s'avérer fécond d'élaborer une série de paradigmes présentant le contenu de chacune de ces parties, envisagé isolément.

3. Dans le cas d'ensembles de percussions, différents signes peuvent être placés sur une portée en fonction de la hauteur relative des sons émis.

Fluctuation des hauteurs et des durées

Il est certains aspects plus généraux, concernant la totalité d'une pièce ou d'un ensemble cohérent de pièces, dont la notation musicale peut difficilement rendre compte. C'est le cas de la fluctuation de certaines hauteurs ou de l'imprécision de certains rythmes qui, si nécessaire, peuvent faire l'objet d'une remarque générale que l'on placera au-dessus de la transcription proprement dite, ou bien d'une légende. Cette façon de procéder présente l'avantage d'éviter des surcharges dans le document transcrit.

Musiques dites « actuelles »

Dans le cadre du projet de musicologie générale évoqué dans nos « prolégomènes », les méthodes de l'ethnomusicologie peuvent être appliquées à des musiques populaires contemporaines, commercialement diffusées par la médiation de divers types d'enregistrement et pas toujours présentées en performances publiques. Elles doivent donc être adaptées aux particularités des « objets musicaux » qui sont considérés dans ce champ. On a vu que cela implique, par exemple, de constituer un corpus d'étude à partir d'un échantillon d'enregistrements réalisés en studio, ou en concert, et que, par conséquent, le studio ou le concert – avec ses rites, sa structuration du temps, son décorum, sa mise en scène particulière de langages du corps – sont autant de « terrains » qui invitent à des innovations méthodologiques.

En ce qui concerne plus précisément la transcription, il faut d'abord se demander si elle est indispensable à l'objet de la recherche entreprise et si, dans certains cas, elle ne peut être remplacée par une description verbale, aussi minutieuse que possible. Souvent, l'important sera en effet moins la transcription stricte du matériel sonore que des schémas graphiques permettant de visualiser : l'architecture d'ensemble d'une pièce (rapports soliste/chœur, thème/variations-improvisation, solo/tutti), le déroulement des soli, la structure harmonique, les formules rythmiques et leur organisation. Différentes solutions ont été proposées à ces fins ; elles constituent autant de substituts partiels, mais pertinents à la transcription, que peuvent aider à réaliser des logiciels spécialisés. La musicologie du jazz a montré l'importance de la transcription minutieuse des solos, mais aussi celle de la réalisation de « grilles » où apparaissent les successions d'accords. Pour le rap, l'intérêt se porte en général sur l'organisation rythmique et l'analyse vise à mettre en évidence les relations entre l'accentuation des paroles et celle des supports sonores. C'est à partir des schémas de David Rycroft modélisant les polyphonies vocales nguni que David B. Coplan a présenté une figuration du *marabi* sud-africain quand Christopher A. Waterman a, lui, utilisé des transcriptions conventionnelles pour illustrer des marches harmoniques, des formules rythmiques et des contours mélodiques de la musique *jùjú* du Nigeria. Ce ne sont là que quelques exemples, mais ils montrent que le passage par la transcription, s'il n'est pas un impératif catégorique, est souvent – à condition d'adapter les techniques pour transcrire – un moyen privilégié pour parvenir à ce qui doit également être l'objectif de l'étude des musiques populaires commerciales : la modélisation, la catégorisation et la mise en évidence de faisceaux symboliques. Enfin, puisque beaucoup de concepteurs de musiques « actuelles » n'écrivent plus sur papier, mais travaillent sur ordinateur, en assemblant des sons et des éléments mélodico-rythmiques puisés dans des « banques » de données, il faut essayer d'avoir accès à leurs fichiers qui souvent se présentent sous une forme graphique[4].

Validation des transcriptions

Pour les transcriptions qui ont été effectuées sur le terrain, la validation peut être faite immédiatement, sur place. Lorsqu'elles sont réalisées au lieu de résidence du chercheur, elles devront être validées par les musiciens et experts locaux lors de la mission suivante[5].

Prélude à la modélisation

L'intérêt d'une analyse à la fois comparative et contrastive des données est de conduire à leur modélisation. En milieu traditionnel, toute production musicale met en jeu des modèles formels qui ne peuvent être réduits à l'une quelconque des exécutions qui les actualisent, puisque toutes diffèrent : chaque réalisation d'une pièce incarne un modèle cognitif. En effet, l'une des caractéristiques des musiques de l'oralité est de faire appel au principe de variation - souvent par rapport à un « thème » qui n'est pas explicitement

4. Les boîtes à rythmes représentent un cas particulier du rôle de l'informatique électro-acoustique dans la composition musicale : certaines pièces sont en effet construites à partir de la mise en boucle, de l'assemblage et de l'homogénéisation de formules rythmiques pré-programmées sur ces « instruments »; une recherche spécifique pourrait porter sur la manière dont les formules stockées dans ces *drum machines* formatent, après avoir été plus ou moins retravaillées, des morceaux de musique populaire.

5. Voir à ce propos le chapitre 7.

réalisé. En d'autres termes, ce que l'on entend consiste en des matérialisations différentes d'une seule et même matrice musicale, omniprésente bien que sous-jacente.

Dans une culture de tradition orale, la pérennité de la musique ne peut être assurée que par la présence, dans l'esprit des exécutants, d'une matrice ou modèle définissant chaque pièce de leur patrimoine. D'une certaine manière, le modèle est aux musiques de tradition orale ce que la chose écrite est aux musiques savantes occidentales : tous deux sont un support de mémoire. Alors que l'écriture confère à l'œuvre un caractère fini, achevé, en fait une « chose » à quoi rien ne peut être ajouté, le modèle est une matrice dont rien ne peut être retranché : c'est le « degré zéro » de la variation. Cette matrice constitue l'ultime référence mentale que chaque musicien a en tête et à partir de laquelle il est à même d'exécuter tel morceau monodique ou telle partie d'une musique polyphonique. Dans un premier temps, la modélisation consiste à faire émerger, au niveau d'une pièce ou d'un ensemble cohérent de pièces (un répertoire ou une catégorie musicale) les matrices d'où procèdent les variations.

Dans les communautés d'Afrique Centrale, la notion de modèle désigne la réalisation la plus dépouillée de chacune des parties constitutives d'une entité musicale : ainsi, toute mélodie chantée, toute formule rythmique exécutée par un instrument à percussion, de même que toute partie d'un instrument mélodique est tributaire, pour chaque pièce, d'une matrice qui lui est propre. Non seulement nous sommes bien en présence d'un *modèle*, c'est-à-dire du principe fondamental d'organisation sur lequel s'appuient toutes les réalisations de chacune des parties constitutives d'une pièce donnée, mais celui-ci est clairement conceptualisé – même si de manière métaphorique – par les détenteurs de la tradition. Pour les Manza de Centrafrique, ce sera « l'œil de la chose », le focus, alors que les Banda-Linda le désignent comme « le mâle, l'époux », celui qui engendre. La prégnance de la signification attribuée dans cette région à la notion de modèle est attestée par le fait que toutes les variations réalisées à partir de celui-ci sont considérées par les membres d'une même communauté comme culturellement équivalentes.

Traits constants et réduction

Contrairement à la démarche du chercheur en sciences « dures » qui élabore des modèles théoriques et abstraits, puis vérifie expérimentalement qu'ils rendent bien compte de la réalité, le chercheur en sciences humaines est confronté au résultat changeant de la créativité des hommes. Il ne peut donc concevoir de modèle sans interaction avec ceux qui produisent l'objet de son étude. L'ethnomusicologue, lorsqu'il travaille dans des cultures dont la théorie est implicite, n'a d'autre choix pour construire ses modèles que de partir de la réalité constituée par un grand nombre de réalisations d'une même pièce. Au sein de chaque morceau, par-delà ses multiples variations, certains traits demeurent constants ; on peut les mettre au jour en demandant aux musiciens d'élaguer les variations de la pièce étudiée jusqu'au moment où n'en demeure plus aucune et où ne subsiste que la réitération pure et simple d'un ostinato *strict* – qu'il faut impérativement enregistrer. Au terme de cet exercice, lorsque les musiciens déclarent : « Maintenant on ne peut plus rien enlever », on aura dégagé, pour chacune des parties, ce que l'on peut appeler son modèle formel, dont toutes les réalisations sont autant de variantes. Ce procédé de réduction à un modèle formel selon des protocoles expérimentaux rigoureux peut être appliqué à toute pièce musicale, qu'elle soit purement vocale ou accompagnée d'un instrument mélodique. Chaque pièce possède son modèle. Lorsqu'elle est polyphonique, chaque partie constitutive a le sien. Lorsqu'un chant doit être accompagné d'un ou de plusieurs instruments mélodiques, chaque instrument dispose d'un modèle formel spécifique à ce chant. On a pu amplement vérifier, en différents lieux et sur une période de plusieurs dizaines d'années, la pérennité de ces matrices au sein d'une même communauté culturelle.

Modélisation

La modélisation implique, en premier lieu, une comparaison entre des entités musicales, considérées comme les mêmes dans la culture. En comparant diverses versions d'une même pièce, il est possible de déterminer ce qui, sur le plan formel, leur est commun et ce qui les différencie. La comparaison permet en outre, une fois le modèle enregistré, de confirmer ou d'infirmer sa prégnance. De même, à un stade plus avancé, la comparaison des modèles d'un ensemble de pièces appartenant à un même répertoire fera apparaître les traits structurels qui leur sont communs. Le chercheur peut alors dégager ceux qui caractérisent le modèle. L'application de ce principe à des pièces relevant de répertoires différents, permettra de définir ce qui singularise chacun d'eux et, par corollaire, leur identité.

En procédant par paliers successifs, la modélisation permet la mise en évidence des différents aspects de la systématique musicale d'une communauté. Lorsque la description des musiques de plusieurs communautés aura été effectuée, l'analyse comparative visera à établir les analogies structurelles existant entre leurs patrimoines respectifs.

Pour l'extraction des modèles de polyphonies ou polyrythmies complexes, il vaut mieux – aussi paradoxal que cela puisse paraître – faire appel à des musiciens « novices », plutôt qu'à des virtuoses chevronnés : plus enclins à s'en tenir à l'essentiel, ils réaliseront moins de variations, et leur performance sera d'emblée plus proche du modèle.

Tout modèle doit être validé. Cette opération peut être effectuée de diverses manières :

- un moyen simple et rapide consiste à faire écouter le modèle supposé d'une pièce non seulement à ceux qui ont pris part à son enregistrement, mais aussi à d'autres personnes, considérées comme expertes; lorsque les uns et les autres sont unanimes à juger le résultat adéquat, on peut considérer que le modèle en question est valide;
- on peut également faire entendre le modèle aux musiciens qui l'ont enregistré en demandant à chacun d'eux d'y superposer sa partie vocale ou instrumentale, comme il le ferait au cours d'une exécution dans des conditions normales – c'est-à-dire variations comprises – et enregistrer le résultat; on doit ainsi obtenir, en temps réel, une exécution traditionnelle de la pièce, simultanément au modèle sur lequel elle est basée;
- on peut encore faire valider le modèle en un autre lieu de la même aire culturelle en demandant aux musiciens et aux Anciens d'un village différent d'identifier par leurs titres les épures sonores qui leur sont soumises.

Enfin, si le chercheur réalise une transcription de type paradigmatique d'une ou plusieurs versions complètes (avec les variations) d'un morceau, il constatera que le modèle y est, en filigrane, omniprésent. C'est ainsi que ce dernier – qui a été élaboré en étroite interaction avec les musiciens – se trouve corroboré par des données cognitives appartenant à leur culture. On voit par là que la modélisation, à condition d'être menée de façon rigoureuse en étroite interaction avec les musiciens, est une méthode efficace, aussi bien pour la description que pour la comparaison de pièces, de répertoires, voire de patrimoines musicaux.

CENTONISATION ET PROTOTYPICALITÉ

En littérature, le terme latin *cento* désigne une œuvre poétique entièrement composée de vers ou de passages empruntés à différents auteurs, mais agencés selon un nouvel ordre. En musique, on entend par centonisation le procédé qui consiste à composer une mélodie, ou un ensemble de mélodies, à partir de formules préexistantes. Autrefois, cette technique était extrêmement répandue, notamment dans le chant grégorien. Dans bien des traditions orales, on la retrouve encore aujourd'hui, en premier lieu dans la musique vocale. Il arrive que, à l'écoute de plusieurs chants appartenant à un répertoire spécifique, se dégage une impression persistante de « déjà entendu ». On peut alors supposer que ce répertoire a recours à un stock de formules mélodiques mobiles, nomades, qui trouvent place dans plusieurs chants. C'est précisément cette singularité qui caractérise la centonisation. Pour faire figure, on peut en comparer le principe à celui d'un jeu de cubes où un nombre limité d'éléments permet l'élaboration de configurations fort différentes.

La centonisation se manifeste souvent au sein de liturgies et d'épopées chantées dans lesquelles les paroles priment sur la musique. Les paroles sont organisées en phrases ou versets dont la longueur est extrêmement variable, comme c'est le cas dans les musiques psalmodiées, telles que les lamentations funèbres ou les litanies. Afin de pouvoir s'adapter aux différents versets d'un chant, par-delà leur variabilité, ces formules sont éminemment flexibles ; chacune d'elles procède d'une cellule mélodique qui, en fonction de la dimension du verset, engendre – par amplification et / ou par intercalation – de nombreuses variantes. C'est de cette cellule que procèdent toutes les réalisations d'une formule donnée ; elle assume donc une *fonction prototypique*.

En Afrique subsaharienne, le stock des unités mélodiques propre à chaque répertoire constitue le plus souvent un corpus fini ; en outre, chacun des chants regroupés en un répertoire est intégralement fondé sur un agencement différent de certaines de ces unités. Or, c'est précisément le nombre des unités qui figurent dans tel chant, associé à leur agencement, qui lui confère son identité. On est ici en présence d'un système d'une économie extrême : non seulement un stock limité d'unités suffit pour nourrir un répertoire, aussi riche soit-il, mais encore, la simple modification de l'agencement syntaxique de quelques unités, permet de créer bien d'autres chants qui pourront y être intégrés. C'est notamment le cas du chant liturgique des Juifs d'Éthiopie qui compte plusieurs centaines de prières chantées obéissant toutes au principe de centonisation, et à lui seul. Seuls diffèrent d'une pièce à l'autre le nombre des unités et leur combinatoire. Dans une étude approfondie consacrée à cette liturgie, Olivier Tourny montre qu'en définitive l'ensemble du corpus est fondé, en tout et pour tout, sur neuf cellules prototypiques. Comme il le souligne à juste titre, la mise au jour, dans un tel répertoire, du nombre de cellules prototypiques, permet de formaliser l'intégralité du système mélodique qui le sous-tend.

Expérimentation interactive

Dans une société où la musique est dépourvue d'une théorie explicite, lorsqu'on aborde une notion abstraite et non verbalisée telle que l'échelle ou le système scalaire, un questionnement mène inévitablement à l'échec. Pour un musicien traditionnel africain, des concepts abstraits comme « échelle », « degré », « intervalle » ne sont pas verbalisés : cela ne signifie ni qu'ils n'existent pas, ni qu'ils ne sont pas pensés, mais qu'ils sont seulement exprimés par l'actualisation au sein d'un morceau des sons qui leurs correspondent. Dans ces conditions, la seule possibilité pour dégager la conception mentale que les détenteurs de la tradition ont de ces concepts est *l'expérimentation*. Il s'agit d'une opération de type interactif qui met en synergie le savoir-faire des musiciens et celui du chercheur. Elle permet aux dépositaires de la culture, dans une situation qui exclut toute directivité, d'approuver ou de rejeter les hypothèses de l'ethnomusicologue, tout en contournant l'écueil de la non-verbalisation spontanée. Elle fait surgir dans le discours des musiciens des termes techniques vernaculaires insoupçonnés; elle suscite des échanges et des commentaires qui, en d'autres circonstances, ne seraient pas exprimés, car, dans ce type d'expérimentation, l'interactivité se manifeste simultanément sur deux plans : non seulement entre le chercheur et les musiciens, mais – ce qui est bien plus important – entre les musiciens eux-mêmes.

L'expérimentation peut porter aussi bien sur des phénomènes simples en apparence que sur des sujets extrêmement complexes. On illustrera ici son application par trois cas de figure tirés de recherches menées en Afrique centrale et présentés selon un ordre de complexité croissant : la mise au jour de la pulsation sous-jacente à des musiques mesurées, la séparation des parties dans une musique polyphonique, la détermination des échelles.

Mise au jour de la pulsation

À l'écoute des musiques traditionnelles d'Afrique subsaharienne, on éprouve souvent une incertitude quant à leur organisation métrique. Bien que mesurées, elles font abstraction du « temps fort » occidental. Qui plus est, il arrive qu'elles soient dépourvues de toute accentuation. L'auditeur non initié peine à y déceler des points de repère temporels, bien que le retour d'événements musicaux semblables à intervalles périodiques l'incite à chercher – en vain – une organisation métrique régulière : rien ne lui permet a priori de déterminer avec certitude l'étalon auquel les durées exprimées se réfèrent. L'incertitude naît du conflit permanent qui oppose l'articulation des événements rythmiques à la régularité de la pulsation qui les sous-tend. Pourtant, le chercheur confronté à ce problème peut, par l'observation et l'expérimentation, vérifier l'existence d'un référent que l'on pourrait qualifier de transcendantal.

Dans les danses collectives d'Afrique subsaharienne, les pas de base communs à tous les danseurs sont pratiquement toujours isochrones. Il est donc raisonnable de postuler qu'une telle isochronie coïncide avec la pulsation qui fonde l'organisation métrique de la pièce. Reste alors à tester cette hypothèse : on peut le faire aisément en demandant à un expert de la communauté de superposer des battements de mains réguliers à un enregistrement de la séquence qu'on lui fait entendre. Malgré la complexité rythmique de ces musiques, et à de rarissimes exceptions près, il matérialisera instantanément la pulsation inhérente à cette dernière, dévoilant du même coup les modalités de sa subdivision en valeurs brèves, selon un principe binaire ou ternaire. C'est alors, et alors seulement, que le chercheur pourra considérer à bon droit détenir une clé d'accès à la référence mentale qui sous-tend l'organisation métrique d'une musique donnée. En effet, ignorer les positions exactes que la pulsation occupe au sein d'un morceau et ne pas savoir de quelle manière elle est « monnayée » interdisent de comprendre son articulation métrique et, par corollaire, son architecture formelle, telles que conçues par ses usagers. En d'autres termes, sans connaître ce régulateur, on ne peut ni transcrire la musique ni l'analyser avec la certitude de ne pas en trahir la conception autochtone.

Pour matérialiser la pulsation inhérente à tout morceau, il est utile de disposer d'un enregistreur multipiste. S'il s'agit d'une monodie, le morceau figurera sur l'une des pistes, la pulsation sur une autre. Dans le cas d'une polyphonie, chaque partie sera enregistrée séparément sur l'une des pistes et la pulsation qui leur est commune sur une autre. En procédant ainsi, on pourra entendre chaque partie, soit isolément, soit en combinaison avec une, plusieurs, voire toutes les autres, avec ou sans la battue qui constitue leur référence métrique.

En l'absence d'un enregistreur multipiste, il est indispensable de disposer de deux enregistreurs conventionnels. La pièce préalablement enregistrée est diffusée à partir de l'un, cependant que sur l'autre, auquel on aura connecté un microphone, un musicien frappera des mains. A l'issue de l'opération, la battue aura fusionné avec l'original. Rappelons enfin qu'en vue d'une transcription future, il ne faut en aucun cas quitter un terrain sans s'être assuré qu'on dispose, pour chaque pièce mesurée qu'on aura collectée, de sa pulsation matérialisée.

Séparation des parties d'une musique polyphonique

La transcription de musiques polyphoniques ou polyrythmiques de tradition orale présente une difficulté spécifique : il faut pouvoir séparer chaque partie vocale ou instrumentale, sans pour autant la désynchroniser des autres. Deux méthodes – l'enregistrement par canaux séparés et le procédé du *re-recording* – offrent une solution à ce problème : elles permettent non seulement d'isoler chaque partie, mais aussi de mettre en évidence, au sein de la trame polyphonique, son mode d'imbrication avec les autres. Une fois connues les différentes parties et les relations qu'elles entretiennent, il devient possible de procéder à une reconstruction synthétique de la pièce, d'en élaborer une partition, qui seule permettra d'en réaliser une analyse approfondie.

La situation expérimentale présente toutefois des inconvénients : les musiciens, placés en dehors des conditions habituelles de leur pratique, bridés dans leur spontanéité, effectuent moins de variantes que dans une situation conventionnelle. Paradoxalement, pour cette raison même, la structure de l'ensemble et les modèles auxquels les musiciens se réfèrent apparaissent de manière plus nette. En effet, moins un musicien se montre créatif, plus il s'en tient au minimum indispensable, plus il reste proche de la référence mentale de sa partie, plus il guide le chercheur sur la voie de la modélisation. Il va de soi que la mise en œuvre d'une méthode expérimentale dans un milieu de transmission orale requiert, de la part du chercheur, la plus grande prudence et un respect constant des musiciens, des experts et de leurs manières de penser la musique.

Depuis quelques années existent des appareils fonctionnant sur piles ou batteries qui permettent l'enregistrement par canaux séparés. Ils rendent possible l'enregistrement d'une polyphonie dont chaque partie sera placée sur une piste, chacune d'entre elles pourra donc ensuite être entendue aussi bien isolée que dans ses combinaisons avec une ou plusieurs autres parties. Contrairement au procédé du *re-recording* qui nécessitait autant de prises que d'instruments ou de voix en présence (ce qui consommait beaucoup de temps, d'énergie et de patience), l'enregistreur multipiste permet de les recueillir en une seule prise qui peut aussi inclure la pulsation qui leur est commune. On peut, à titre d'exemple, envisager le dispositif suivant :

- un ordinateur (portable, si nécessaire) ;
- un enregistreur DAT stéréo pourvu d'une bande magnétique numérique, sur lequel sera effectué un enregistrement conventionnel de la pièce concernée ; celui-ci est connecté à l'ordinateur ;
- un enregistreur multipiste, qui servira pour la prise simultanée des diverses parties en présence ;
- un logiciel (de type Garage band de Macintosh) qui permettra d'importer dans l'ordinateur les fichiers enregistrés sur l'appareil multipiste.

Comme on le voit, le matériel exigé par des expérimentations de ce type est coûteux, d'autant plus que, dans les lieux dépourvus de réseau électrique, il faut y ajouter un groupe électrogène et un onduleur. On peut toutefois obtenir à moindres frais des résultats fiables en ayant recours au procédé du *re-recording*, décrit ci-dessous.

LE PROCÉDÉ DU *RE-RECORDING* (PAR SIMHA AROM)

Appliqué à une musique polyphonique, le *re-recording* pourrait être défini comme la reconstruction diachronique d'un événement par nature synchronique. Ce procédé permet d'isoler chaque partie d'une polyphonie, sans pour autant la désynchroniser de toutes les autres. Dès lors, la transcription et l'analyse deviennent possibles. L'équipement nécessaire pour sa mise en œuvre comprend : deux magnétophones stéréo portatifs dont l'un permet le fonctionnement simultané d'une entrée ligne et d'une entrée microphone ; un câble raccordant la sortie de l'un des magnétophones à l'entrée de l'autre ; deux microphones et plusieurs casques d'écoute ; enfin, un petit dispositif permettant de brancher plusieurs casques sur un même magnétophone. Pour décrire la procédure, on prendra un exemple relativement simple, l'enregistrement d'une pièce pour trois tambours :

1. la pièce est enregistrée de façon habituelle sur le premier magnétophone (M1) ; on appellera cet enregistrement le « tutti » ;
2. le magnétophone M1 et le second (M2) sont ensuite raccordés par un câble, de telle sorte que tout signal sortant de M1 puisse être enregistré sur l'une des pistes de M2 ;
3. plusieurs casques sont ensuite branchés sur M2 ; l'un est confié au musicien qui intervient, les autres au chercheur, au chef du groupe, ainsi qu'à des experts locaux, qui peuvent

ainsi contrôler l'exécution en temps réel et la valider ou l'infirmer ;

4. la bande de l'enregistrement *tutti* est placée sur M1 et une bande vierge sur M2 ;

5. un microphone est branché sur M2, qu'on met en mode « enregistrement » ;

6. M1 est mis en mode « lecture ».

Une fois le dispositif ainsi préparé, le premier musicien à intervenir se place face au microphone. Lorsqu'il entend, par l'intermédiaire du casque, le *tutti* lu par M1 et simultanément dupliqué sur la piste inférieure de M2, il commence à rejouer sa partie qui sera enregistrée séparément sur la piste supérieure de M2. Ce protocole se révèle fructueux à bien des égards : le musicien, entendant à travers son casque le *tutti*, se retrouve au cœur de l'exécution musicale, ce qui le rassure (et peut le stimuler) ; le tempo sera parfaitement identique dans les deux enregistrements, celui du *tutti* et de la partie isolée ; la durée sera elle aussi identique puisque, quand il n'entend plus rien dans son casque, le musicien cesse spontanément de jouer. Au terme de cette étape, on dispose sur M2 d'une bande dont la piste inférieure contient une copie du *tutti* et la piste supérieure la partie isolée du premier musicien. La procédure renouvelée avec les deux autres intervenants, donnera un enregistrement qui permettra de reconstruire la pièce par synthèse :

1. on place sur M1 la bande de M2 rembobinée, où figurent le *tutti* et la partie du premier musicien ; une bande vierge est posée sur M2 ;

2. le second percussionniste[6] se place face au microphone (branché sur M2) et joue sa propre partie en écoutant

6. En milieu traditionnel africain, les entrées des musiciens sont toujours successives ; chacun – le premier excepté – se réfère à la partie de celui qui le précède, sur laquelle il se cale. Selon les cas, l'ordre des entrées est prédéterminé ou aléatoire.

l'enregistrement du premier grâce au casque. M1 ne lit que la piste supérieure (et non la piste inférieure qui correspond au *tutti*) ;
3. la bande enregistrée sur M2 contient ainsi la partie du premier musicien (1 re partie) sur la piste inférieure et celle du deuxième (2 e partie) sur la piste supérieure.

Les deux parties sont maintenant parfaitement synchrones, et cependant totalement isolées ; l'utilisation indépendante des deux pistes permet de les écouter séparément ou simultanément, donc avec tous leurs points d'imbrication. La même opération est ensuite répétée avec le troisième musicien. On le voit, cette procédure vaut pour un nombre illimité de parties, dès lors que, à chaque étape, la dernière partie enregistrée figure sur une piste séparée.

La technique du *re-recording* offre un avantage supplémentaire : elle constitue un système d'auto-contrôle permanent. Pour s'assurer de la fiabilité des enregistrements ainsi réalisés, des experts locaux (musiciens, Anciens) équipés de casques en suivent le déroulement en temps réel et peuvent à tout moment intervenir du geste pour signaler un incident. Si l'un des musiciens commet une erreur, on peut s'attendre à ce qu'elle soit aussitôt relevée par les membres de ce « groupe de contrôle ». S'ils la laissent passer par inadvertance, le musicien suivant se trouvera gêné dans l'exécution de sa propre partie ; il suffira alors de reprendre l'enregistrement incriminé, avant de poursuivre.

Validation des enregistrements

Après avoir transcrit la pièce *in situ*, on demande aux interlocuteurs d'écouter l'enregistrement d'une partie seule ou combinée avec une autre, tandis que le chercheur chante successivement d'autres parties à partir de la transcription, ou les joue sur un instrument occidental qui s'y prête (un clavier par exemple). Si son exécution reçoit l'approbation des experts, sa transcription se trouve validée.

Enfin, on doit insister sur le fait que la démarche adoptée est légitime d'un point de vue anthropologique, puisque les détenteurs de la musique non seulement y prennent part de leur plein gré, mais encore que ce sont eux-mêmes qui valident la version obtenue par voie de synthèse. Malgré son caractère expérimental, le *re-recording* ne trahit en rien l'esprit des musiques; pour s'en convaincre, il suffit de lire les partitions auxquelles il permet d'aboutir, tout en écoutant les enregistrements conventionnels des pièces correspondantes; il facilite la mise au jour des modèles qui tiennent lieu de référence aux musiciens. Ce procédé présente en outre la singularité d'abolir l'antinomie classique entre analyse et synthèse, la remplaçant par un mouvement permanent de va-et-vient entre ces deux modalités. Enfin, la méthode du *re-recording* modifie profondément la relation habituelle entre l'ethnomusicologue et les musiciens, puisque sa mise en œuvre exige leur participation active : ce sont eux qui indiquent au chercheur les étapes successives du processus expérimental et, de ce fait, ne sont plus simplement des « exécutants », mais deviennent des collaborateurs scientifiques directement impliqués dans la recherche.

Détermination des échelles

Les échelles musicales d'Afrique centrale, le plus souvent pentatoniques anhémitoniques et non tempérées, posent au chercheur nombre de problèmes, dus tant à leur caractère ambigu qu'à l'absence, dans les langues vernaculaires, d'un métalangage pour désigner des concepts tels qu'échelle, degré ou intervalle. Pour pouvoir les étudier, il convenait donc d'élaborer une méthode qui permette de contourner cette absence.

À cette fin, Simha Arom et trois membres de son équipe – incent Dehoux, Susanne Fürniss et Frédéric Voisin – ont mis au point et appliqué sur le terrain un dispositif de simulation expérimental visant à substituer aux méthodes d'enquête fondées sur la verbalisation un procédé interactif qui en ferait l'économie. L'expérimentation a porté sur des musiques instrumentales aussi bien que vocales. Il s'agissait, d'une part, de xylophones – instruments dont la hauteur des degrés ne varie pas –, de l'autre, de polyphonies chantées *a cappella*. Son application a été rendue possible grâce à l'adaptation à cette fin d'un synthétiseur, le Yamaha DX 7 II FD.

Xylophones

L'objectif de cette expérience était de permettre à différents xylophonistes appartenant à divers groupes, dont les systèmes musicaux pouvaient être considérés comme différents, d'exécuter leur musique sur la base de séries de timbres et de divers modèles d'échelles – les leurs propres ainsi que d'autres, hypothétiques – préprogrammés par l'équipe, en leur offrant le choix de les accepter, de les refuser et, le cas échéant, de les modifier.

Ce type particulier d'expérimentation *interactive* nécessitait l'emploi d'un dispositif autorisant la programmation et la mise en mémoire de timbres différents et de divers types d'échelles, et permettant de les modifier instantanément par la simple pression d'une touche du dispositif. À cette fin, on a choisi le synthétiseur Yamaha DX7 IIFD qui permet de confronter sons échantillonnés et sons originaux, donc de créer des timbres « inédits », condition indispensable pour simuler la sonorité propre à différents types de xylophones. Le DX 7 permet en outre d'accorder chaque touche du clavier au 85e de demi-ton près (c'est-à-dire au-delà du seuil de discrimination de l'oreille la plus exercée) ; cette propriété rend possible la modification de chaque degré de l'échelle par le musicien lui-même, jusqu'à ce qu'il le considère comme satisfaisant. Enfin, toutes les programmations et leurs modifications peuvent être mises en mémoire sur un ordinateur. Afin que les musiciens se prêtent sans difficulté à l'expérimentation et ne se sentent pas gênés par le dispositif, il importait de recréer les conditions les plus proches possibles de celles de leur pratique quotidienne. Dans ce but, nous avons fixé sur les touches du synthétiseur des plaquettes de contreplaqué suffisamment larges pour que les exécutants les frappent avec leurs propres mailloches ; chaque plaquette figurait une lame de xylophone et faisait saillie hors du clavier, alors que les touches non utilisées du synthétiseur étaient rendues muettes. Au moyen d'un système de fixation auto-agrippant, il était possible de déplacer les plaquettes et de simuler autant de types de xylophone que nécessaire [7].

Cette procédure, inaugurée en Centrafrique en 1989, a été appliquée sur une douzaine de xylophones, représentatifs de sept groupes différents. Elle a permis de cerner au plus près la conception que les membres de chaque communauté ont de leur propre échelle, mais aussi à délimiter, avec une extrême précision, le champ de dispersion de chacun de ses degrés constitutifs et, du même coup, de mettre au jour la

7. En Afrique centrale, comme dans d'autres régions, les lames des xylophones sont juxtaposées en fonction de leur fréquence d'utilisation et non de leur position dans l'échelle musicale, comme sur un clavier occidental. Qui plus est, le nombre et la disposition des lames changent fréquemment d'une communauté à une autre.

cohérence du système d'opposition de hauteurs qui les fonde. Avec huit à treize timbres et autant d'échelles programmés, chaque xylophoniste disposait d'une palette suffisamment large au sein de laquelle il pouvait sélectionner le timbre puis l'échelle les plus proches de son instrument; il établissait ainsi une première discrimination entre les échelles qu'il acceptait et celles qu'il refusait. Ces dernières lui étaient alors à nouveau soumises afin qu'il indique, dans chaque cas, si c'était l'échelle dans son ensemble qui lui était inacceptable ou bien si seule la hauteur de certaines lames n'était pas conforme. Le cas échéant, les enquêteurs montraient aux musiciens comment corriger les degrés défectueux à l'aide du système de microaccordage du synthétiseur.

On a ainsi pu assister à une scène peu commune : un xylophoniste frappant de la main droite certaines lames du DX 7, tout en réglant de la main gauche, avec le curseur de microaccordage, la hauteur de chacune. Cet artiste qui, comme ses prédécesseurs, a toujours accordé ses lames en taillant prudemment dans du bois, retira soudain son doigt du curseur pour déclarer le plus évidemment du monde : « Ce que je fais là, c'est comme quand je taille mon bois ! » Cette remarque spontanée montrait clairement qu'il ne se sentait nullement dépaysé. Le geste qu'il effectuait avait la même signification dans les deux cas; seules les modalités techniques étaient modifiées. Ce type d'expérience illustre indiscutablement la faculté d'adaptation à des technologies nouvelles de musiciens africains vivant à l'écart des centres de « modernité ».

Polyphonies vocales

La musique vocale *a cappella* a fait ensuite l'objet du même type d'investigation, avec un protocole et un équipement nécessairement différents. Le travail a porté d'abord sur les polyphonies des Pygmées aka de Centrafrique, puis sur celles des Pygmées bedzan du Cameroun. La méthode, en ces cas, consistait à faire entendre aux chanteurs des chants précédemment enregistrés par eux, mais en changeant avant chaque audition l'un des degrés de l'échelle. Les réactions des participants à l'écoute des chants modifiés permirent de déterminer les marges de tolérance relatives à chacun des degrés, marges de tolérance fondées sur un jugement culturel d'équivalence, en d'autres termes, sur un consensus de la communauté.

La méthodologie développée et appliquée au cours de ces deux types d'expérimentation (procédures interactives et outils analytiques) fut conçue comme un processus interactif entre chercheurs et musiciens. Elle a été appliquée à des pièces issues de corpus traditionnels et non pas sur des sons extraits de leur contexte. Elle permet désormais de comprendre la conception qu'ont les musiciens, quelle que soit leur culture, de leurs échelles musicales. Mais surtout, ses ressources indiquent de nouvelles voies de recherche pour tout ce qui concerne l'élucidation des critères de pertinence culturels à l'œuvre dans l'ordonnancement du continuum sonore. Grâce au recours à certains logiciels de traitement et d'analyse capables de modifier la hauteur du son sans en altérer le timbre, il est aujourd'hui possible de cerner de façon rigoureuse le champ de dispersion de chacun des degrés d'une échelle musicale dans des musiques dépourvues de théorie explicite. Une fois déterminées les limites inférieure et supérieure de chaque degré – constituant la marge de tolérance –, la conception de l'échelle en question émerge ; elle peut dès lors être modélisée. En outre, cette méthode suscite la verbalisation de conceptions ordinairement non verbalisées ; elle ouvre ainsi la voie à la formulation de la théorie à laquelle elles obéissent.

Outre l'intérêt des résultats obtenus, l'important est que, dans cette démarche, l'ethnomusicologue n'est plus l'expert – détenteur d'un savoir « supérieur » – qui dirige les opérations ; il est un chercheur en présence de qui les musiciens et les experts locaux sont en situation de collaboration, donc deviennent des co-chercheurs. Les uns et les autres maîtrisent des savoirs qu'ils se reconnaissent mutuellement ; ce ne sont pas les mêmes savoirs mais ils sont complémentaires, et la connaissance ne peut être construite que dans la confrontation, l'échange et la combinaison de ces savoirs. Ces expériences sont reproductibles et conduisent à des résultats comparables. Elles introduisent la recherche ethnomusicologique dans le champ des sciences cognitives alors que celles-ci développent des collaborations de plus en plus étroites entre disciplines dites « dures » et sciences de l'homme. Ces recherches inscrivent ainsi l'objet initial de l'ethnomusicologie – l'étude de la musique traditionnelle d'une aire géoculturelle, désormais étendue à tout autre type de musique – dans une dimension bien plus vaste qui englobe la psychologie de la perception, la biologie, la neurophysiologie et les techniques d'apprentissage.

CATÉGORISATION

Catégoriser revient à regrouper des objets relevant d'un domaine particulier en un certain nombre d'ensembles, ou *classes d'objets*. Chaque classe forme une catégorie qui présente des propriétés qui lui sont particulières, et tous les objets qui la constituent possèdent au moins une propriété qui leur est commune. Cette propriété singularise la catégorie et lui confère son caractère distinctif. En d'autres termes, elle permet de regrouper les différents objets qui entrent dans cette catégorie, mais aussi de la distinguer de toutes les autres. La catégorisation repose donc sur un principe d'exclusion. Or celui-ci ne se révèle que lorsque l'on compare des objets en vue de les répartir en catégories distinctes. Dans un patrimoine musical, les objets correspondent à des pièces qui peuvent être caractérisées par des composantes de tout ordre : une formation instrumentale, une figure rythmique, la présence d'un masque, la thématique des chants, etc. L'objectif est alors de les classer selon des critères rigoureux. Ainsi, par exemple, dans l'état actuel des connaissances, la musique des Pygmées aka peut être répartie en 24 catégories.

Catégories et circonstances

Plus largement, en Afrique subsaharienne comme ailleurs (notamment chez les Indiens wayana d'Amazonie pour ne mentionner qu'un cas), chaque communauté ordonne elle-même les pièces qui composent son patrimoine musical en ensembles. Le plus souvent, la pertinence culturelle de ces ensembles est attestée par un nom spécifique et par le fait que chacun est lié à une ou plusieurs circonstances et / ou fonctions précises. C'est donc par le biais du langage que se confirme le lien « organique » entre musique et circonstance. Pour toute circonstance qui requiert un support musical, il y a un ou plusieurs répertoires particuliers. Chaque répertoire porte un nom dans la langue vernaculaire et regroupe un nombre spécifique de pièces, nommées elles aussi, qui présentent des caractéristiques musicales communes. Souvent, le terme qui désigne le répertoire est également utilisé pour nommer la circonstance, le rituel, la danse – voire le masque – auxquels telle ou telle musique est associée. Il peut encore s'appliquer à l'instrument ou à la formation instrumentale, de même qu'à la formule rythmique spécifique jouée dans cette circonstance. Par conséquent, chaque répertoire peut être envisagé comme une catégorie musicale, distincte de toutes les autres. Très souvent, ces catégories vernaculaires se trouvent corroborées par des catégories analytiques fondées sur des critères strictement musicaux : l'expérience montre l'existence d'un taux extrêmement élevé de concordance entre classification autochtone et catégorisation opérée sur la base des seuls traits musicaux. Il y a alors convergence des critères classificatoires entre la conception vernaculaire et l'analyse musicologique.

Toutefois, les rapports qu'entretiennent ensembles musicaux et circonstances sont de nature différente selon les communautés ; de ce fait, ils constituent l'une des spécificités culturelles d'un patrimoine et ils illustrent le mode d'articulation de la musique avec les autres domaines de l'activité sociale. Si l'on souhaite couvrir l'ensemble d'un patrimoine musical, la collecte du matériel sonore passe par l'enregistrement d'un échantillon représentatif de pièces relevant de ses différents répertoires. Au fur et à mesure que l'enquête progresse, le chercheur constate que les données qu'il a recueillies au sujet des circonstances d'exécution renvoient à différents ensembles de pièces, c'est-à-dire à des classes d'objets dont chacun présente des caractéristiques partagées par l'ensemble des pièces qui le composent. Il cherche alors à rendre compte de la manière dont les tenants d'une culture classent leur patrimoine musical, en d'autres termes à le catégoriser.

Catégorie musicale, catégorie contextuelle, catégorie vernaculaire

Il arrive cependant que les critères de classification qu'utilisent les autochtones ne relèvent pas du seul domaine musical. En effet, certains ensembles vernaculaires se singularisent non pas par un trait musical, mais par un trait extramusical lié au contexte (tel que le contenu des paroles ou la position de jeu horizontale ou verticale d'un tambour). Deux types de catégories se dégagent ainsi : la catégorie musicale et la catégorie contextuelle. Il est important de noter que, dès lors que l'on prend comme point de départ les ensembles donnés par la culture, toute catégorie, fût-elle musicale ou contextuelle, est par essence une catégorie vernaculaire.

Par catégorie musicale, on entend ici un ensemble vernaculaire doté d'un trait musical – c'est-à-dire concernant uniquement la substance sonore : échelle, forme, périodicité, dispositif vocal et/ou instrumental, etc. – qui permet de distinguer cet ensemble de tous les autres, donc de toute autre catégorie. Ce trait se manifeste dans toutes les pièces constitutives de cette catégorie.

Une catégorie contextuelle est un ensemble vernaculaire dépourvu d'un trait musical, mais fondé sur un trait d'une autre nature : la fonction de la musique, la circonstance de son exécution, l'ensemble textuel mis en musique ou encore une chorégraphie particulière peuvent alors opérer comme autant de traits contextuels.

Dans certains cas, une pièce peut à elle seule constituer une catégorie. Ainsi, le chant de deuil *kólí*[8] des Pygmées aka est le seul chant à ne pas être scandé par des frappements de mains et donc interprété strictement *a cappella*. L'absence du trait « frappement de mains », identifie donc le chant *kólí* comme une catégorie musicale à part entière.

On sait l'importance de la catégorisation aussi bien dans les sociétés que dans les stratégies cognitives individuelles. C'est pourquoi l'étude des catégories vernaculaires fournit un point de départ stratégique pour la connaissance d'une culture : elle permet d'avoir une représentation globale de son patrimoine musical et constitue une base solide pour des études comparatives, aussi bien dans une perspective synchronique que diachronique.

Peut-on, doit-on catégoriser les musiques populaires commerciales ?
(par Denis-Constant Martin)

Si l'on admet que, dans la perspective d'une musicologie générale, les musiques populaires commerciales peuvent également faire l'objet d'enquêtes ethnomusicologiques - dont le terrain est alors le local de répétition, le studio d'enregistrement ou la salle de concert –, on doit se demander si la catégorisation peut également être appliquée à leur étude. Son intérêt ne fait aucun doute; toutefois, les catégories que l'on tentera de mettre

8. Simha Arom, *Centrafrique : anthologie de la musique des Pygmées aka* [1978;1987], Paris, Ocora, 2002, CD 2, plage 7.

en évidence dans ces musiques reposeront souvent sur des bases différentes de celles sur lesquelles sont construites les catégories dans les musiques de transmission orale.

En règle générale, la notion de circonstance n'apparaît pas ici pertinente dans la mesure où, le plus souvent, les conditions dans lesquelles la musique est produite et consommée relèvent du divertissement[9]. En revanche, la détermination analytique de catégories à partir de la mise en évidence d'une ou plusieurs propriétés communes demeure indispensable à toute réflexion sur les catégories, leurs fonctions et leurs effets dans le domaine des musiques populaires commerciales. Elle permet d'effectuer des regroupements sur une base strictement musicale, des comparaisons et, le cas échéant, d'établir des typologies. Toutefois, cette catégorisation analytique ne pourra pas être confrontée à la seule catégorisation « indigène », mais sera utilisée pour tenter de comprendre comment sont produites les catégories commerciales et comment elles sont utilisées par leurs producteurs aussi bien que par les consommateurs.

La commercialisation de musiques enregistrées ou proposées en concerts payants entraîne une surdétermination des catégories de genre ou de style par des critères qui, sans être totalement étrangers à la matière musicale intrinsèque, sont largement définis par des objectifs publicitaires et financiers. La *World Music*, par exemple, catégorie indéfinissable du point de vue

9. Des musiques religieuses peuvent, toutefois, être commercialisées et constituer un marché spécifique sur lequel sont vendus disques, vidéos, places de concerts et de festivals ; c'est le cas, notamment, des musiques religieuses afro-américaines qui sont aujourd'hui organisées en un véritable *gospel business*, relié sans solution de continuité à la pratique non commerciale des congrégations. Dans un tel cas, la musique religieuse qualifiée de *African-American* ou *Black Gospel* constitue une catégorie définie par sa fonction religieuse, elle-même divisée en diverses sous-catégories, dont certaines relèvent du positionnement sur le marché commercial, par exemple celles dans lesquelles sont décernés des Stellar Awards.

musical[10], ne fait sens que par la volonté de producteurs et d'artistes de promouvoir une mode musicale et de profiter du succès de cette mode. Ce qu'on a appelé « ska » en France dans les années 1990 et 2000 s'est progressivement démarqué du style en vogue en Jamaïque au début des années 1960, mais sous cette étiquette, on trouvera des groupes qui s'efforcent de reproduire fidèlement le son originel (*roots*) et d'autres qui veulent être plus originaux. Des dénominations poétiques et curieuses parsèment le monde du rock : « Death Metal », « Evil Harcore », « Emo [probablement pour émotion] Metal », « Punk-Core », « Psycho Punk Ska », « Porn' n' Roll », entre beaucoup d'autres, ont été repérées sur des affiches et des *flyers* (petits tracts) annonçant des concerts ; les catégories plus officielles des Grammy Awards[11] ont une allure d'inventaire à la Prévert et font en permanence l'objet de contestations[12]. Face à cette prolifération d'étiquettes qui, dans les bacs des disquaires, dans les chroniques des journaux et dans les cérémonies de remise de prix font office de catégories, l'analyse peut porter sur le rapport entre les caractéristiques intrinsèques du matériel sonore et la sémantique des noms donnés aux catégories commerciales ; elle tentera alors de mettre en lumière les procédés utilisés pour rendre populaires des produits musicaux, donc les facteurs de popularité de la musique à un moment donné et les

---

10. La notion de combinatoire en est probablement le seul trait unificateur, mais la *world music* la partage avec d'autres genres tels que le rap ou la techno.

11. Pour ne mentionner que les plus importantes catégories relevant des musiques populaires, sans évoquer celles qui balisent le champ de la musique « classique » ou des musiques accompagnant des images : pop ; traditional pop ; dance ; dance / electronica ; rock ; hard rock / metal, rock Song ; alternative music ; R&B ; traditional R&B ; rap ; rap / sung collaboration ; country ; new age ; jazz ; gospel / contemporary christian music ; latin pop, rock, or urban ; regional mexican or tejano ; banda or norteño ; tropical latin ; americana ; bluegrass ; blues ; folk ; regional roots ; reggae ; world music…

12. Sébastien Danchin, « La face sombre des Grammy Awards », *Jazz News*, n° 9, mars 2012, p. 58-60.

représentations associées aux mots utilisés pour les désigner, comme aux images qui les complètent (pochettes de disques, clips vidéos, illustrations d'articles de journaux, etc.).

RAPPORTS MUSIQUE-LANGUE

Une musique peut se présenter sous l'un des trois aspects suivants :

- strictement vocale (*a cappella*) ;
- vocale accompagnée par un ou plusieurs instruments ;
- purement instrumentale.

Dans les deux premiers cas, des paroles lui sont majoritairement associées. Dans les sociétés dont les langues sont tonales (« langues à ton »), chaque voyelle est affectée d'un ou de plusieurs tons : une même syllabe, prononcée à des hauteurs différentes, engendre des significations différentes. Dès lors, afin que les paroles d'un chant soient intelligibles, sa courbe mélodique doit impérativement respecter le schéma tonal de la langue. Cela explique pourquoi les chants à deux ou plusieurs voix ne peuvent progresser que par mouvement parallèle, alors que l'accompagnement instrumental, qui échappe à cette contrainte, peut avoir recours à d'autres procédés, notamment au contrepoint.

LANGUES À TONS
(PAR SIMHA AROM)

Dans ces langues, ce qu'on nomme ton est une unité discrète dotée d'une fonction distinctive, au même titre que les voyelles et les consonnes. Cela étant, un ton ne peut être perçu sans le support voisé auquel il est associé, c'est-à-dire à la voyelle ou à la consonne vocalique (comme les nasales (n, m, ɲ ou w, y, l et r). La majorité des langues asiatiques, amérindiennes, africaines et océaniennes est tonale. Toutefois, ces langues se répartissent en différents groupes selon qu'elles font usage de tons mélodiques ou de registres.

> Les langues asiatiques constituent généralement des exemples types de langues à tons mélodiques, tandis que les langues d'Afrique font usage de registres[13].

Dans les premières,

> il peut y avoir mouvement mélodique simple montant [/] ou descendant [\], mouvement mélodique complexe montant-descendant [/\] ou inversement [\/], mouvement mélodique à complexité multiple [/\/] ou inversement [\/\] [...]. Les tons mélodiques caractérisent au minimum la syllabe[14].

Le ton mélodique correspond donc à une succession plus ou moins rapide de hauteurs différentes, ascendantes et descendantes, d'où son nom.

Les langues à registres sont celles où seuls différents niveaux de hauteur – les tons – permettent de distinguer des termes autrement identiques. Dans celles-ci, les tons ne procèdent que par opposition de hauteur. N'ayant pas de hauteur fixe, leur pertinence tient à leur opposition et non à la grandeur des intervalles qui les séparent. Aussi, pour qu'il y ait tons, il faut au minimum deux hauteurs opposables.

---

13. Jacqueline M. C. Thomas *et al.*, *Initiation à la phonétique*, Paris, Presses universitaires de France, 1976, p. 107.

14. *Ibid.*, p. 212.

> Dans une langue de ce type, une voyelle ou une syllabe prononcée d'une voix aiguë n'aura pas le même sens que la même unité ou la même combinaison phonématique prononcée sur un ton grave[15].

Par exemple, en aka (langue bantoue d'Afrique centrale) *bù* – « brasser, tourner, touiller » / *bú* – « gonfler, enfler, éclater ».

> Certaines langues ne font qu'un usage restreint de cette possibilité, n'employant que les distinctions de niveau [ou registre], soit deux à trois niveaux ; on parle alors de tons ponctuels[16].

Dans ce cas,

> la distinction entre les tons est due à la différence de hauteur entre les différents tons ponctuels[17].

> Le cas le plus simple est celui des langues qui ne distinguent que deux niveaux, comme beaucoup de langues bantoues, notamment[18].

> La hauteur d'un ton donné n'est pas absolue, mais relative. C'est dans le cadre d'un paradigme tonal que tel ton se caractérise comme haut par rapport à tel autre qui se caractérise comme bas. C'est ce qui explique que, dans la chaîne [parlée], un ton haut puisse être réalisé plus bas qu'un ton bas précédent[19].

C'est le cas, notamment, lorsque le locuteur passe d'un énoncé à un autre.

Dans une langue à registres, les tons dits « modulés » correspondent au glissement rapide de la voix d'un registre à un autre, en d'autres termes, d'un ton ponctuel à un autre.

> Dans les langues à deux niveaux, on distingue au maximum deux tons modulés [...]. Cependant, pour le locuteur d'une langue de ce type, les deux » notes » du ton modulé [...] ne peuvent être

---

15. *Ibid.*, p. 213.
16. *Ibid.*
17. *Ibid.*, p. 110.
18. *Ibid.*, p. 214.
19. *Ibid.*, p. 110.

réalisées [...] qu'en continuité [...]. La durée du son modulé est sensiblement égale à celle d'un ton ponctuel, soit la durée d'une émission vocalique unique[20].

On procède généralement dans le cas des tons modulés à une analyse, décomposant le ton modulé en autant de tons ponctuels correspondant aux registres de départ et d'arrivée de la modulation. Ainsi, le ngbaka (langue oubanguienne d'Afrique Centrale), qui distingue trois registres, a trois tons ponctuels : haut (-́), moyen (-̄), bas (-̀) et quatre tons modulés simples :
1. montant-haut (ton bas → ton haut, analysé -̀ -́, mais pouvant aussi être réalisé moyen-haut -̄ -́);
2. descendant-bas (haut → bas, analysé -́ -̀, mais pouvant aussi être réalisé moyen-bas -̄ -̀);
3. montant-moyen (bas → moyen, analysé -̀ -̄) et
4. descendant-moyen (haut → moyen, analysé -́ -̄), ainsi que deux tons modulés complexes : montant-descendant (bas → haut → bas, analysé -̀ -́ -̀) et descendant-montant (haut → bas → haut, analysé -́ -̀ -́)[21].

Si de nombreuses langues se limitent à deux ou trois registres, d'autres en comptent quatre, voire cinq : c'est notamment le cas du monzombo (langue oubanguienne du Congo et de République centrafricaine), qui utilise quatre registres de tons ponctuels phonologiques : suprahaut, haut, moyen, bas, et de nombreux tons modulés. C'est aussi le cas du tupuri (Cameroun) qui compte quatre registres : haut, moyen, bas, infrabas.

20. *Ibid.*, p. 215.
21. *Ibid.*, p. 112.

NOTER LES TONS

Avant d'aborder les moyens qui peuvent faciliter la détermination et la notation des tons d'une langue, il paraît utile de rappeler ce qui a été dit plus haut :

> C'est dans le cadre d'un paradigme tonal que tel ton se caractérise comme haut par rapport à tel autre qui se caractérise comme bas. C'est ce qui explique que, dans la chaîne [parlée], un ton haut puisse être réalisé plus bas qu'un ton bas précédent[22].

Percevoir et décrypter les tons d'une langue est une opération difficile et délicate, et ce, pour les raisons suivantes : les différents tons n'étant pas émis sur des hauteurs fixes, la grandeur des intervalles qui les séparent fluctue constamment (puisque seule est pertinente leur opposition). Il s'ensuit que l'espace sonore dans lequel le locuteur émet un énoncé – voire un syntagme – se prête à de multiples translations, tant vers l'aigu que vers le grave.

Comment, dans ces conditions, établir le nombre des tons d'une langue ? La situation idéale qui s'offre au chercheur serait celle d'une société qui possède un système de langage tambouriné, lorsque celui-ci est effectué sur des tambours de bois à fente. Il est alors possible de déterminer aisément le nombre des tons auquel la langue concernée a recours, car sur ces instruments les hauteurs sont immuables : un terme, un syntagme, un énoncé ou une phrase seront toujours émis sur les mêmes hauteurs et les intervalles qui les séparent ne varieront pas. Il en découle que les tambours, dont les

22. *Ibid.*, p. 110.

hauteurs reproduisent les deux, trois ou quatre hauteurs pertinentes – c'est-à-dire phonologiques – de la langue, ne peuvent, par définition, faire l'objet d'une réalisation phonétique. En demandant au tambourinaire de reproduire un énoncé dont on veut décrypter les tons, on les obtiendra alors rapidement et de manière fiable.

Malheureusement, les sociétés qui communiquent au moyen de tambours de bois à fente sont relativement rares. Or, le principe sur lequel repose le langage tambouriné demeure le même lorsque les messages sont transmis par des ensembles de tambours à membrane, à condition que chacun des instruments utilisés à cet effet se limite à la production *d'une seule hauteur*. Dans ce cas, la stabilité des tons est assurée. En Afrique de l'Ouest, de nombreuses populations font usage, pour la transmission de messages, d'un seul et même instrument à membrane : le tambour-sablier à tension variable. Ici, la hauteur n'est pas fixe, mais les intervalles qui séparent les différents tons sont suffisamment grands pour que leur opposition soit aisément perçue. Quel que soit le cas, il faut prêter une attention particulière aux tons modulés, au sein desquels la succession des hauteurs est très rapide, en particulier lorsqu'il s'agit du tambour-sablier où ils sont effectués par tension ou relâchement de sa membrane supérieure.

Dans une communauté qui n'a pas recours au langage tambouriné, on peut, le cas échéant, faire appel au langage sifflé. Les tons de la langue sont alors réalisés sur des hauteurs fixes. Si l'on enquête dans une société qui n'utilise ni langage tambouriné ni langage sifflé, la solution la plus efficace consiste à faire entendre à l'interlocuteur (sur l'enregistrement ou directement) les termes dont on veut connaître le schéma tonal, en lui demandant de les siffler. Progressivement, il arrivera à stabiliser les différents tons jusqu'à ce que leurs hauteurs respectives demeurent quasiment constantes[23].

La notation des tons se fait toujours au-dessus des voyelles ou des consonnes vocaliques auxquelles ils sont affectés. Pour une langue à deux registres, le ton haut sera symbolisé par un accent aigu (ˊ), le ton bas par un accent grave (ˋ). Dans ce type de langue, on peut ne pas noter le plus fréquent (bas ou haut). De même, dans une langue qui compte de plus un ton moyen, deux options se présentent : soit on note le ton par un trait horizontal (ˉ) qui surmontera le timbre vocalique concerné, soit, comme dans le cas précédent, on ne le note pas, ce qui logiquement revient au même, puisque l'un des deux ou les deux autres tons sont marqués, mais qui laisse place à l'erreur, car le ton non marqué peut résulter d'un simple oubli. Il est donc recommandé de noter tous les tons et de façon très précise pour éviter de les confondre. Lorsqu'une langue présente quatre tons, le ton suprahaut sera noté au moyen de deux accents aigus successifs (˝) sur le même vocalisme, le ton infrabas par deux accents graves successifs (̏)[24]. Enfin, pour ce qui est des tons modulés, et

23. Pour une société où le sifflement est interdit, on peut utiliser un procédé qui consiste à remplir des verres à des hauteurs différentes en fonction du nombre de registres présents dans la langue. En frappant chacun d'eux à plus ou moins grande vitesse, on produira les tons ponctuels et modulés.

24. Étant donné qu'il y a des *consonnes vocaliques*, comme les nasales et w, y, l et r, qui peuvent être porteuses de tons comme les voyelles, c'est bien sur le vocalisme et non sur les seules voyelles qu'il faudra indiquer le trait tonal.

quel que soit le nombre de registres de la langue, la solution la plus simple consiste à les décomposer en leurs tons ponctuels et de réécrire leur support autant de fois ; ainsi, pour un ton modulé de type haut-bas-moyen (́ ̀ ̄), le support correspondant apparaîtra trois fois (á à ā, par exemple).

Bibliographie

Ethnomusicologie et linguistique structurale

AROM, Simha, « Modélisation et modèles dans les musiques de tradition orale », *Analyse musicale*, n° 22, 1991, p. 67-78.

Musiques « actuelles »

BARNAT, Ons, « Problématiques actuelles de la musique garifuna en Amérique centrale : vers une ethnomusicologie interdisciplinaire»,https://www.academia.edu/2228412/Problematiques_actuelles_de_la_musique_garifuna_en_Amerique_centrale_Belize_Guatemala_et_Honduras_vers_une_ethnomusicologie_interdisciplinaire, consulté le 17 mars 2014.

COPLAN, David B., *In Township Tonight! South Africa's Black City Music and Theatre*, Chicago, The University of Chicago Press, 2008.

COTRO, Vincent, *Chants libres : le free jazz en France, 1960-1975*, Paris, Outre-mesure, 1999.

HODEIR, André, *Hommes et problèmes du jazz* [1954], Roquevaire, Parenthèses, 1981.

LEVALLET, Didier et MARTIN, Denis-Constant, *L'Amérique de Mingus, musique et politique : les « Fables of Faubus » de Charles Mingus*, Paris, P. O. L., 1991.

MARTIN, Denis-Constant, « Entendre les modernités : l'ethnomusicologie et les musiques "populaires" », dans Laurent Aubert (dir.), *Musiques migrantes : de l'exil à la consécration*, Gollion (Suisse), Infolio / Genève, Musée d'ethnographie, 2005, p. 17-51.

MARTIN, Denis-Constant *et al.*, *Quand le rap sort de sa bulle : sociologie politique d'un succès populaire*, Paris, IRMA / Bordeaux, Mélanie Seteun, 2010.

RYCROFT, David, « Nguni Vocal Polyphony », *Journal of the International Folk Music Council*, vol. 19, 1967, p. 88-103.

WATERMAN, Christopher A., *Jùjú : A Social History and Ethnography of an African Popular Music*, Chicago, The University of Chicago Press, 1990.

Centonisation

AROM, Simha et ALVAREZ-PÉREYRE, Frank, *Liturgies juives d'Éthiopie*, livret du disque compact, Paris, Maison des Cultures du Monde, W 260013, 1990.
TOURNY, Olivier, *Le chant liturgique juif éthiopien : analyse musicale d'une tradition orale*, Paris, Peeters, 2009.

Enregistrement en re-recording

AROM, Simha, « The Use of Play-Back Techniques in the Study of Oral Polyphonies », *Ethnomusicology*, vol. 20, n° 3, 1976, p. 483-519.
—, *La boîte à outils d'un ethnomusicologue*, textes réunis et présentés par Nathalie Fernando, Montréal, Presses de l'Université de Montréal, 2007.
OLIVIER, Emmanuelle, « À propos du re-recording », dans Vincent Dehoux *et al.* (dir.), *Ndroje balendro : musiques, terrains et disciplines. Textes offerts à Simha Arom*, Paris, SELAF, 1995, p. 111-118.

Échelles

AROM, Simha, « Le "syndrome" du pentatonisme africain », *Musicæ Scientiæ*, vol. 1, n° 2, 1997, p. 139-163,
—, *La boîte à outils d'un ethnomusicologue*, textes réunis et présentés par Nathalie Fernando, Montréal, Presses de l'Université de Montréal, 2007.
AROM, Simha et KHALFA, Jean, « Une raison en acte : pensée formelle et systématique musicale dans les sociétés de tradition orale », *Revue de Musicologie*, vol. 84, n° 1, 1998, p. 5-17.

AROM, Simha et VOISIN, Frédéric, « Theory and Technology in African Music », dans Ruth Stone (dir.), *The Garland Encyclopædia of World Music*, vol. I : *Africa*, New York, Garland, 1998, p. 254-270.

AROM, Simha, LÉOTHAUD, Gilles et VOISIN, Frédéric, « Experimental Ethnomusicology : An Interactive Approach to the Study of Musical Scales », dans Irène Deliège et John Sloboda (dir.), *Perception and Cognition of Music*, Hove (R.-U.), Erlbaum, Taylor & Francis, 1997, p. 3-30.

FERNANDO, Nathalie, *Polyphonies du Nord-Cameroun*, Paris, Peeters, 2011.

MARANDOLA, Fabrice, « Les principes de fonctionnement du système pentatonique », dans *Discussion Forum 1. L'Afrique et l'Europe médiévale : la théorie du pentatonisme revue à travers les systèmes africains de tradition orale*, numéro spécial de *Musicæ Scientiæ*, vol. 4, 2000, p. 97-106.

Catégorisation

AROM, Simha *et al.*, « La catégorisation des patrimoines musicaux dans les sociétés de tradition orale », dans Frank Alvarez-Péreyre (dir.), *Catégories et catégorisations : perspectives interdisciplinaires*, Paris, Peeters, 2009, p. 273-313.

AROM, Simha et MARTIN, Denis-Constant, « Combiner les sons pour réinventer le monde : la *world music*, sociologie et analyse musicale », *L'Homme*, n° 177-178, 2006, p. 155-178.

MARTIN, Denis-Constant, *Le gospel afro-américain : des spirituals au rap religieux*, Arles, Actes Sud / Paris, Cité de la musique, 1998 ; 2001 ; 2008.

CHAPITRE VII

VALIDATION ET VÉRIFICATION

Pour être valides, les données recueillies sur le terrain doivent pouvoir être corroborées par des données cognitives propres aux tenants de la culture étudiée. La validation est une condition inhérente aux différentes étapes de l'analyse : il s'agit de vérifications continuelles confrontant les intuitions et les hypothèses du chercheur avec la pratique des musiciens locaux et leurs dires, comme ceux d'autres experts.

DOMAINES DE VALIDATION

Les procédures de validation concernent deux domaines différents mais complémentaires : d'une part, les informations contextuelles concernant le rôle de la musique dans la société, ses représentations et sa pratique; de l'autre, la musique elle-même, envisagée comme un système formel.

La validation des *informations contextuelles* porte notamment sur :

- les circonstances dans lesquelles telle ou telle musique est jouée, les obligations et interdits qui lui sont associés et les répertoires musicaux auxquels ces circonstances font appel ;
- l'éventuelle hiérarchie des interventions musicales - vocales ou instrumentales - faites lors d'une même circonstance, certaines pouvant être obligatoires et d'autres facultatives, tout comme l'ordre de leur déroulement, selon qu'il est réglementé ou aléatoire ;
- la traduction - littéraire et littérale - des paroles des chants recueillis et leur éventuelle signification symbolique ;
- les effectifs des formations vocales et / ou instrumentales utilisées lors de ces circonstances, les noms vernaculaires des instruments qui y figurent et de leurs éléments constitutifs ; lorsqu'il s'agit de polyphonies, le nombre des parties de chacune d'elles et, le cas échéant, leurs dénominations.

Selon le lieu et la culture, il sera nécessaire de valider également d'autres informations. Ces vérifications sont capitales, car très souvent, bien que musiciens et auditeurs ont une connaissance pratique des règles musicales, celles-ci ne font pas l'objet d'une réflexion théorique et abstraite : chaque musicien sait ce qu'il doit faire en une situation donnée ou au cours d'un rituel, chaque auditeur attend du musicien qu'il joue ou chante comme il le « doit ». Dans ces conditions, il peut arriver que le questionnement du chercheur, en dépit de ses meilleures intentions, soit mal compris et déconcerte ses interlocuteurs. Il faut donc, dans ces phases de la recherche, procéder avec la plus grande prudence, s'efforcer de trouver les formulations les plus à même de susciter la verbalisation des règles, ou une réaction appropriée aux propositions du chercheur ; le recours à des procédures expérimentales, on l'a vu, peut faciliter ce dialogue et permettre aux instrumentistes et chanteurs de préciser ce qui, dans leur système musical, est acceptable, ou non.

En ce qui concerne *la musique proprement dite*, la validation concerne pour l'essentiel :

- la manière dont les enregistrements sonores restituent la musique réalisée et la pertinence des transcriptions effectuées par le chercheur ;
- la congruence culturelle des modèles obtenus par expérimentation, c'est-à-dire leur capacité à générer des variations et / ou des versions inédites et celles des composantes musicales identifiées par l'analyse, telles que les échelles et les figures rythmiques ou polyrythmiques singularisant un répertoire.

Dans ces deux cas, la validation concerne le musical, mais, en ce qui a trait aux informations contextuelles, elle repose sur de l'*extramusical* ; pour ce qui est de la musique elle-même, elle revient à vérifier le musical *par du musical.*

Procédures de validation

Toute validation gagne à être effectuée avec plusieurs interlocuteurs, qu'ils soient musiciens, Anciens ou experts. Pour des raisons évidentes, il est fortement recommandé de ne jamais travailler avec un seul interlocuteur et, à plus forte raison, de ne pas se limiter à la validation par un seul interlocuteur.

Validation des informations contextuelles : enquêtes et entretiens

Il est bon de revenir sur toutes les informations obtenues au cours des enquêtes et des entretiens précédents et de les vérifier une à une. En cas de divergences, des débats s'instaurent entre les participants. Dans ce cas – même lorsqu'il ne connaît pas bien la langue utilisée – l'enquêteur doit manifester son intérêt pour ce qui se dit. Il faut laisser se dérouler la discussion à son rythme et attendre que les participants atteignent un consensus, ce qui finit presque toujours par se produire.

Validation de la musique proprement dite : la substance sonore

On s'attachera ici à quelques aspects particulièrement délicats : les échelles, les différentes parties au sein d'une musique polyphonique et les modèles.

Dans la plupart des musiques de l'oralité, les échelles ne procèdent pas du tempérament égal. De ce fait, il est dans bien des cas difficile de déterminer avec précision la grandeur des intervalles qui séparent les degrés de l'échelle. Prenons l'exemple de l'échelle pentatonique anhémitonique, la plus répandue sur la planète. Celle-ci, par définition, ne comporte pas de demi-ton. Pour les membres d'une culture qui ne font usage que de cette seule échelle, le demi-ton apparaît comme un micro-intervalle qu'ils n'ont pas à discriminer. L'intervalle le plus petit étant le ton entier, le champ de dispersion de chaque degré – c'est-à-dire sa marge de tolérance – y est sensiblement plus grand que dans une culture où le demi-ton existe. C'est pourquoi, dans un système anhémitonique, les degrés sont plus fluctuants, d'où la difficulté, pour un observateur extérieur à la culture, de déterminer la position exacte de chaque degré et, par corollaire, de connaître avec certitude la configuration scalaire propre à la pièce qu'il entend. Ainsi, dans un chant dont les degrés seraient *sol – la* – [?]– *ré – mi*, lorsque le degré intermédiaire entre le *la* et le *ré* fluctue entre un *si* et un *do*, il ne peut savoir si celui-ci relève d'une échelle de type *sol – la – si – ré – mi* ou *sol – la – do – ré – mi*. Il y a donc une incertitude et, afin de la dissiper, une solution consiste, pour le chercheur, après avoir fait entendre l'enregistrement de la pièce examinée, de l'exécuter lui-même sur un instrument occidental, tel une flûte à bec, un guide-chant ou, mieux, le clavier d'un synthétiseur. Ce dernier, en effet, offre la possibilité de sélectionner un timbre aussi proche que possible de celui de la source sonore. L'exécution au synthétiseur fera l'objet de deux versions du morceau, incluant systématiquement l'une le *si*, l'autre le *do*. Si les tenants de la tradition affirment que « c'est pareil », cela signifie que les deux versions soumises à leur jugement sont culturellement équivalentes.

Des expériences de ce type, effectuées sur l'ensemble des permutations inhérentes au pentatonisme anhémitonique, ont permis de déduire que des musiques que l'on avait tendance à considérer jusque-là comme procédant nécessairement de telle ou telle configuration peuvent faire l'objet de *permutations*, qui toutes seront considérées correctes. C'est le cas dans un grand nombre de communautés d'Afrique centrale et d'ailleurs, notamment d'Éthiopie. Cela signifie que, dans un tel contexte, l'ordre de succession des degrés – c'est-à-dire le *contour* de la mélodie – prévaut sur la grandeur des intervalles qui les séparent, sans pour autant porter atteinte à l'identité du morceau.

Parties constitutives d'une polyphonie

Les procédures diffèrent ici selon que la pièce soumise à validation a été enregistrée sur deux magnétophones, selon la technique du *re-recording*, ou sur un enregistreur multipiste. Dans le premier cas, le chercheur n'a accès simultanément qu'à deux parties, enregistrées sur les deux pistes d'un magnétophone stéréo. Il peut alors couper le son de l'une des pistes pour n'en faire entendre que l'autre, tout en chantant ou en jouant la partie « muette » sur le clavier d'un synthétiseur, à partir de la transcription du morceau qu'il a réalisée. En répétant cette opération autant de fois que nécessaire, il pourra valider tour à tour toutes les parties isolées.

S'il utilise un enregistreur multipiste, la procédure est plus simple puisque, disposant instantanément de toutes les parties d'un morceau - aussi bien chacune isolément qu'intégrée dans toutes les combinaisons dans lesquelles elle entre -, il peut en faire entendre une, tout en reproduisant l'autre sur son clavier. S'il ne dispose pas d'un instrument ou qu'il ne veut pas intervenir comme actant dans le processus de validation, ou encore si certaines parties dépassent sa compétence d'exécutant - notamment pour ce qui est de la reproduction de figures rythmiques complexes -, il peut faire entendre les enregistrements couplés ou dans diverses combinaisons pour les soumettre au jugement de ses interlocuteurs.

Modèles

La modélisation d'une pièce est une opération de caractère expérimental menée par le chercheur en étroite interaction avec les musiciens locaux. Le premier demande aux seconds d'« élaguer » progressivement toutes les variantes qui figurent dans une exécution conventionnelle de la pièce, jusqu'à aboutir à une épure de laquelle rien ne peut plus être retranché. Au stade de la vérification, les propositions que le chercheur présente aux musiciens et experts peuvent être acceptées ou refusées. Dans cette situation, le statut des musiciens change : après avoir été actants, ils deviennent juges. Pour étayer solidement la validation d'un modèle, il est en outre préférable de faire entendre le même enregistrement à des musiciens et experts de différentes localités dont les habitants appartiennent à la même culture musicale. L'enquêteur leur demande alors d'identifier la pièce, par son titre ou son *incipit* et s'ils sont conformes à ce qui a été recueilli ailleurs, la validation du modèle peut être considérée comme confirmée.

Enfin, lorsque le chercheur revient sur un terrain qu'il connaît déjà, la première tâche à laquelle il doit se consacrer consiste à faire valider tous les éléments – enregistrements et enquêtes – qu'il a recueillis au cours de sa précédente mission. Ce type de vérification, qui permet de déceler au sein d'une culture consensus et divergences, favorise immanquablement le jaillissement d'informations insoupçonnées et ouvre la voie à de nouvelles hypothèses.

ÉPILOGUE

LE TERRAIN ET SES AU-DELÀ

Au terme de cet exposé des principes et précautions qui doivent guider et encadrer le travail de terrain, c'est peut-être en revenant précisément au terrain, et aux enseignements qu'on peut en tirer, qu'il convient de terminer cet ouvrage. C'est donc à partir de l'exemple des orchestres de trompes banda-linda que nous tenterons de proposer quelques conclusions.

L'EXEMPLE DES ORCHESTRES DE TROMPES BANDA-LINDA

Les Banda-Linda de Centrafrique possèdent des orchestres de trompes, dont la musique est traditionnellement associée aux rites de passage des jeunes garçons [1]. Lorsque, après une retraite de plusieurs semaines effectuée dans un lieu secret situé au bord d'un marigot, les nouveaux initiés regagnent

1. Simha Arom, *Banda Polyphonies (Central African Republic)* [1976], Paris, UNESCO / Auvidis, 1992, plages 1-2, 4.

leur village, ils démontrent en public la maîtrise du jeu des trompes qu'ils ont acquise, en exécutant nombre de morceaux spécifiques à ce type d'ensemble. L'apprentissage du jeu des trompes fait partie de l'enseignement que les néophytes reçoivent durant leur retraite initiatique, et les erreurs qu'ils y commettent sont sanctionnées par des coups de chicotte…

Aujourd'hui, ces formations se font également entendre en diverses occasions, notamment lors de la visite de personnalités officielles. Alors que tous les autres répertoires musicaux des Linda sont indissociables du chant et de la danse, la musique des orchestres de trompes est exclusivement instrumentale et, bien que mesurée, ne fait l'objet d'aucune chorégraphie. Leur répertoire comprend une quinzaine de pièces, toutes dérivées de chants qui ont été orchestrés.

Systématique

Dans ces ensembles, le nombre des instruments est extrêmement variable. Un orchestre peut compter entre six et dix-huit trompes de dimensions différentes ; la plus courte mesure une trentaine de centimètres, la plus longue près de deux mètres. Les six premières – les plus aigues – sont faites avec les cornes de diverses espèces d'antilopes, les autres sont creusées dans des racines d'arbres évasées. Pour en jouer, les musiciens s'installent en arc de cercle, les trompes rangées par ordre de taille.

En règle générale, chaque instrument n'émet qu'un seul et même son ; l'imbrication des sons individuels engendre une texture polyphonique aussi dense que complexe, selon la technique connue sous le nom de « hoquet ». Pour chaque pièce, chaque instrument joue une figure rythmique spécifique, étagée à une hauteur donnée, en y apportant de nombreuses variations. Les trompes sont accordées selon une échelle pentatonique anhémitonique, produisant dans l'ordre descendant une succession de sons de type *sol – mi – ré – do – la*. Ce module est répété autant de fois qu'il y a d'instruments. L'organisation des pièces du répertoire tient compte de cet ordre. La séquence des entrées, au début de chaque pièce, s'effectue immuablement de la trompe la plus aiguë à la trompe la plus grave. Pour l'exécution de sa partie, chaque musicien, à l'exception de celui qui entonne, se réfère à celle de la trompe qui le précède immédiatement et dont le son correspond au degré conjoint supérieur de l'échelle pentatonique.

Au sein d'une pièce donnée, tous les instruments accordés à l'octave sont tributaires de la même figure rythmique. Cela signifie que la structure musicale de chaque morceau est fondée sur un groupe de cinq instruments conjoints, dont tous les autres instruments sont autant de doublures. Les Linda ont parfaitement conscience de cette organisation formelle du matériau musical, ce que confirme la dénomination de chaque trompe, puisque tous les instruments accordés à l'octave portent le même nom. Ainsi, quel que soit leur registre, tous ceux qui jouent le *sol* s'appellent *tété*, ceux qui jouent le *mi*, *tā*, ceux qui jouent le *ré*, *hā*, ceux qui jouent le *do, tútûlé*, et ceux qui jouent le *la*, *bɔ̀ngɔ́*. Chaque groupe de cinq trompes, en partant de la trompe la plus aiguë, constitue une « famille » qui se différencie des autres par son registre. À ce titre, elle porte un nom qui lui est propre : les cinq instruments les plus aigus sont appelés *tūwùlē* (nom onomatopéique), le groupe suivant, *ngbānjā* (râpe), le troisième, *āgā* (buffle) et le quatrième *yâvɨ̄rɨ̄* (tonnerre).

On comprend maintenant pourquoi le nombre des instruments n'est pas nécessairement fixe : la structure de chaque pièce est entièrement déterminée par le jeu des cinq trompes de l'octave la plus aiguë. Dès qu'intervient la première trompe du deuxième groupe se met en place le système des duplications, qui n'a aucune incidence sur la structure du morceau : cinq instruments conjoints suffisent à restituer la structure et la substance musicale de chaque pièce. C'est pour cette raison que bien des orchestres se satisfont de dix instruments couvrant une tessiture de deux octaves, correspondant alors aux deux familles les plus aiguës, *tūwùlē* et *ngbānjā*. Il va de soi que, plus il y a d'instruments, plus l'*ambitus* est grand, plus les variations sont nombreuses et, par corollaire, plus la trame de l'édifice sonore est dense. Toutefois, envisagé sous l'angle de la mise en œuvre du système, le redoublement des instruments à plusieurs octaves n'est pas nécessaire. C'est pourquoi le nombre des trompes est indifférent dès lors qu'il est supérieur à cinq, à la condition qu'elles se succèdent de façon ininterrompue à partir de la plus aiguë.

Une telle organisation révèle nombre de traits qui relèvent d'ordres différents. Elle témoigne de ce que la notion d'échelle existe dans la conscience des Banda-Linda, puisque les instruments correspondant à chaque degré au sein d'une même octave ont un nom différent ; la notion d'octave existe également, puisque les instruments accordés à l'octave portent le même nom. Enfin, la duplication à l'octave des mêmes figures montre que ce système musical est parfaitement cohérent. Puisque la désignation des trompes correspond à leur fonction dans la structure musicale du répertoire, il est possible d'inférer à partir du nom d'un instrument la figure qu'il exécute dans telle ou telle pièce ; inversement, on peut déduire le nom et la fonction de chaque trompe à partir de la figure qu'elle joue. Tous ces traits, parce qu'ils convergent, se valident mutuellement.

Le terrain n'est qu'un début, continuons le terrain (de Ippy, République Centrafricaine, à Paris) (par Simha Arom)

Dans les années 1970, je travaillais en pays linda, dans la petite ville d'Ippy, à la mise au jour de la systématique musicale qui régit le répertoire d'un tel orchestre. J'essayais de comprendre de quoi procédaient les variations que chacun des instrumentistes met en œuvre lors de l'exécution de sa partie au sein d'un morceau.

Référence mentale

Mes questions à ce sujet ne suscitant pas de réponse satisfaisante, j'ai demandé au « maître des trompes » si, pendant l'initiation des jeunes au jeu de ces instruments, on ne leur montrait pas tout d'abord comment réaliser des figures plus simples que celles qu'exécutent des musiciens expérimentés. Il est ainsi apparu qu'il existe, pour chaque partie constitutive, au sein de chaque pièce du répertoire, une figure extrêmement épurée, à visée essentiellement didactique. Cette figure est minimale, en ce sens qu'on ne peut rien en retrancher sous peine de porter atteinte à l'identité du morceau ; elle porte un nom, *àkɔ̄nə̀*, qui signifie littéralement « l'époux, le mâle », en d'autres termes, « celui qui engendre ».

Par la suite, il s'est avéré que l'usage de ce terme n'était pas limité à la seule musique des trompes, mais qu'il désignait chez les Banda-Linda la réalisation la plus dépouillée de toute entité musicale : toute mélodie chantée, toute figure rythmique exécutée par les instruments à percussion, toute partie de xylophone est tributaire, et ce pour chaque pièce, d'un *àkɔ̄nə̀* qui lui est propre.

Non seulement il existe bien un modèle, c'est-à-dire un principe fondamental d'organisation sur lequel sont construites toutes les réalisations d'une pièce donnée, mais, qui plus est, ce modèle appartient à un ensemble de références mentales clairement conceptualisées dans la culture. Partant de là, il m'a été donné de vérifier au cours des années, dans bien d'autres groupes, la présence sous-jacente d'un terme servant à le désigner. La prégnance de la notion de modèle est attestée par le fait que toutes les variations qui en émanent sont considérées par les membres d'une même communauté comme « pareilles », c'est-à-dire comme culturellement équivalentes.

Pérennité

En 1995, à l'invitation de la Maison des cultures du monde, un ensemble de trompes banda-linda comptant 12 musiciens vint à Paris pour y donner une série de concerts. Tous étaient originaires du village de Trogodé, situé à une centaine de kilomètres d'Ippy, où j'avais, quelque vingt ans plus tôt, mené mes enquêtes. Les habitants de Trogodé et d'Ippy parlent la même langue, appartiennent à la même culture musicale, et leurs orchestres de trompes sont identiques, mais les membres de leurs ensembles respectifs ne se connaissaient pas.

Lors de leur séjour à Paris, je fis entendre aux musiciens de Trogodé la totalité du répertoire de l'orchestre de trompes enregistré à Ippy. Je voulais savoir si le répertoire des deux formations était le même et, le cas échéant, si les modèles de chacune des pièces qu'ils jouaient étaient identiques. Il s'avéra qu'une dizaine de morceaux leur étaient communs et que les musiciens utilisaient aussi le terme *àkɔ̄nə̀*. Une fois passé l'étonnement suscité par la rencontre à Paris de quelqu'un qui connaissait leur musique, la confiance s'instaura. Je demandai alors aux musiciens de Trogodé s'ils accepteraient de participer à un séminaire d'ethnomusicologie au cours duquel ils pourraient faire une démonstration en direct de l'organisation musicale de leur ensemble. Ils acceptèrent et exécutèrent les modèles de plusieurs pièces devant des étudiants à qui avaient été distribuées les transcriptions des modèles de pièces enregistrées à Ippy. Hormis parfois une ou deux notes, les modèles se révélèrent identiques[2].

Que nous apprend cette anecdote ? Qu'une même substance musicale est organisée de la même manière tant dans ses modalités de réalisation que dans ce qui en constitue la quintessence, c'est-à-dire le modèle, chez des gens qui ne se sont jamais rencontrés et ne se sont donc jamais entendus. Et s'il en est ainsi sur une période d'une vingtaine d'années, il est plausible qu'il en soit de même sur des périodes bien plus longues.

Ostinatos à variations

La plupart des musiques traditionnelles africaines – comme celles d'autres continents – peuvent être considérées comme des ostinatos à variations, c'est-à-dire que l'exécution des pièces consiste en la réitération de structures métriques, rythmiques et mélodiques extrêmement rigoureuses à l'intérieur desquelles le déroulement horizontal de chaque partie, fondé lui aussi sur des éléments ostinato mais qui varient, donne lieu à un véritable paradigme dont certains termes peuvent, en des points très précis, commuter entre eux. Au niveau de l'ensemble des parties d'une pièce – à ce niveau, c'est leur combinatoire qui fonctionne en tant qu'ostinato à variations –, on constate que toute réalisation de cet ostinato – qui est un cycle de temps ou, si l'on préfère une « boucle » – constitue en lui-même le terme d'un paradigme, plus précisément d'un *métaparadigme*, puisque tout cycle

2. Simha Arom, *Ango : une leçon de musique africaine*, film réalisé par Jérôme Blumberg, Paris, CNRS Images Média, 1997 (vidéo, couleurs, 36').

réalisé par l'ensemble des parties peut librement commuter avec la réalisation de tout autre cycle de la même pièce sans porter préjudice à la cohérence de celle-ci. C'est sur l'arrière-plan de la définition de l'ostinato que peuvent être abordées les questions qui se posent à propos des variations : par rapport à quoi y a-t-il variation ? Quelles sont les limites de la variation ?

S'agissant de musiques transmises oralement, il faut nécessairement, qu'en deçà du stock des variantes possibles pour chaque énoncé, soit présent, dans l'esprit de l'usager, une représentation simplifiée, épurée, de cet énoncé, qui en constitue l'essence : le modèle. Cette forme minimale tient lieu de matrice à l'ensemble des variations possibles : c'est elle qui engendre les variations et elle se retrouve, en filigrane, à travers l'ensemble de ces variations. Or, dans les langues vernaculaires d'Afrique centrale, comme d'ailleurs, le modèle – qui tient lieu de référence mentale à tout musicien, pour la réalisation d'une pièce monodique ou de sa partie dans une polyphonie – correspond à un concept désigné par un terme qui ne relève pas d'un métalangage qui serait propre à la musique, mais procède d'une métaphore, le plus souvent d'ordre parental qui, donc, connote l'engendrement. Ce concept semble à tel point intégré à la pratique qu'il n'apparaît pas spontanément dans le discours autochtone sur la musique. Par conséquent, si la richesse des variations effectuées par un chanteur ou un instrumentiste est fonction de sa créativité personnelle, les matrices sur lesquelles il « brode » sont, pour chaque pièce, inscrites dans la mémoire collective et en permettent la transmission, donc la pérennité sur un temps plus ou moins long. Les expérimentations et validations effectuées en Afrique centrale confirment que, loin d'être une projection du chercheur, le concept de modèle est partie intégrante des manières de penser et de réaliser la musique dans un grand nombre de régions du monde.

On peut également tirer de l'anecdote rapportée plus haut quelques enseignements d'ordre plus général :

- dans les musiques de transmission orale, il existe le plus souvent un rapport étroit entre musique instrumentale et musique vocale ; il semble bien qu'à l'origine toutes les pièces instrumentales aient été des chants et que ceux-ci ont été « orchestrés » en fonction des instruments localement disponibles ou généralement associés à certaines circonstances ; ce qui n'empêche nullement les chants de continuer à être interprétés en tant que tels, même lorsque leurs « adaptations » instrumentales sont couramment jouées ;
- toute cérémonie n'implique pas nécessairement la danse : il existe des musiques cérémonielles uniquement « de concert » ;
- les musiciens sont très fréquemment polyvalents : instrumentistes et chanteurs ; polyinstrumentistes capables de jouer avec autant de compétence des trompes ou des xylophones, par exemple ;
- les terminologies musicales indigènes utilisées pour désigner les pièces, les répertoires, les instruments, les modèles, les techniques de variations ne parlent pas simplement de musique, mais, par le biais de la métaphore ou du symbole, elles ouvrent sur le cognitif.

Musique et société : systèmes symboliques et interprétation

De fait, les manières de penser et de réaliser la musique n'ont pas qu'un intérêt strictement musicologique. En effet, concevoir et faire de la musique sont des manières de concevoir le monde, y compris la société dans laquelle on vit, et d'y intervenir. Toutefois, le fait que cette manière s'exprime par des moyens spécifiques – des combinaisons complexes de sons non verbaux et verbaux – n'est pas indifférente. On ne peut en effet dissocier la pensée des systèmes au travers desquels elle est communiquée. De ce point de vue, la musique doit être considérée comme un système symbolique ; Jean Molino précise :

> Il n'y a musique qu'avec la construction de systèmes symboliques sonores susceptibles de renvoyer à tous les domaines de l'expérience. La musique est bien un fait anthropologique total[3].

Ces systèmes symboliques découlent de stratégies qui sont autant de stratégies cognitives[4] car ils mettent en jeu une infinité de renvois à tous les aspects de la culture et de la société[5] et sont dotés d'une efficacité propre qui pousse Jean-Jacques Nattiez à poser le « caractère constructeur et opératoire du symbolique »[6].

---

3. Jean Molino, *Le singe musicien : essais de sémiologie et d'anthropologie de la musique*, textes réunis par Jean-Jacques Nattiez en collaboration avec Jonathan Goldman, Arles, Actes Sud / Paris, INA, 2009, p. 95.

4. *Ibid.*, p. 319.

5. *Ibid.*, p. 417.

6. Jean-Jacques Nattiez, « Introduction à l'œuvre de Jean Molino », dans Molino, *Le singe musicien*, p. 20.

C'est un des buts de l'enquête ethnomusicologique que de mettre au jour ces systèmes symboliques pour, non seulement comprendre les références à la culture et à la société qu'ils véhiculent, mais surtout découvrir ce que ces références laissent entrevoir des représentations de la société : des représentations de Soi et des Autres, de l'en-groupe et des hors-groupes, du monde en général. Ainsi une étude de l'arc musical ngbaka, outre ce qu'elle donne à connaître des points de vue de l'organologie et des systèmes musicaux, débouche sur une appréhension générale du panthéon ngbaka[7], de la même manière qu'une étude du rap au début des années 2000 permet de saisir les transformations des systèmes de valeurs qui affectent alors la société française. Les différents domaines de l'ethnomusicologie recèlent des éléments de ces systèmes symboliques : l'organologie les rencontre dans la configuration et la décoration des instruments; le travail sur les catégorisations, les classifications et les taxinomies conduit à l'appréhension de procédures symboliques visant à interpréter le monde et à agir sur lui; la systématique musicale met en évidence l'existence de règles et de stratégies pour jouer avec elles, et ces règles et stratégies sous-tendent la création, elle-même susceptible de tenir le rôle de ce que Georges Balandier nomme « révélateur social ».

Toutefois, l'analyse des éléments de systèmes symboliques que recèle la seule matière musicale ne peut être menée à son terme qu'avec le recours aux discours. On peut en distinguer deux types : ceux qui sont immédiatement

7. Simha Arom, *L'arc musical ngbaka*, film réalisé par Robert Sève, Paris, CNRS Images Média, 1970 (16 mm, 11'); Simha Arom et Jacqueline Thomas, *Les mimbo, génies du piégeage et le monde surnaturel des Ngbaka-Ma'bo (République centrafricaine)*, Paris, SELAF, 1974.

associés à la musique (telles les paroles chantées) et ceux qui traitent de la musique proprement dite, qu'il s'agisse de propos tenus par des musiciens, des experts ou des auditeurs « ordinaires », soit proposés spontanément, soit recueillis au cours d'entretiens plus ou moins directifs. Tous contiennent des cheminements de pensée qui établissent des liens entre musique et société et contribuent à expliciter des chaînes symboliques. La recherche des représentations sociales formées et véhiculées dans ces chaînes symboliques relève toujours d'un travail d'interprétation, mais, d'une part, la rigueur méthodologique favorise la clarification des réseaux d'entrecroisement des interprétations du chercheur et de ses interlocuteurs; de l'autre, cette conscience favorise le déploiement de ce qu'Anthony Giddens a qualifié de « double herméneutique » [8]. Elle repose sur le fait que les acteurs sociaux savent ce qu'ils font et interprètent leurs propres actions, et que c'est sur la base de ces savoirs et de ces interprétations « indigènes », recueillis par des techniques qui permettent de susciter la verbalisation ou des actes significatifs (notamment à l'occasion de séances d'expérimentation interactive) que les sciences sociales construisent leurs propres interprétations. Ce sont précisément ce dialogue, cette confrontation et cette interpénétration permanents des interprétations « émiques » et « étiques » qui préviennent le risque d'une surinterprétation unilatérale de la part du chercheur et posent des fondations pour l'analyse des rapports entre musique et société.

8. Anthony Giddens, *Social Theory and Modern Sociology*, Stanford, Stanford University Press, 1987, p. 346.

UNE COPRODUCTION DU SAVOIR

Partant du « terrain » musical, c'est donc une réflexion globale sur la société et sur les relations entre sociétés qui se développe. Le terrain est, nous l'avons vu, construit pour les besoins de l'enquête ; il est circonscrit pour des raisons de faisabilité, en fonction d'éléments physiques (cours d'eau, voies de circulation, paysage, habitat), socio-politiques (inclusion dans un espace de pouvoir ou une circonscription administrative) ou culturels (langue ou dialecte, religion) ; mais il n'est jamais fermé. Les phénomènes étudiés sur un terrain ainsi délimité sont toujours sujets à des influences extérieures. Il en résulte que les recherches effectuées en un temps donné (un séjour plus ou moins long ; une série de visites étagées sur plusieurs années) saisissent l'état des pratiques musicales et sociales dans ce temps. Elles ne préjugent pas des processus de changement que nourrissent ce que Balandier a défini comme la dialectique des dynamiques de l'intérieur et des dynamiques de l'extérieur. La « profondeur historique » des études ethnomusicologiques que nous avons évoquée, la disponibilité d'enregistrements relativement anciens restituant des pratiques musicales de sociétés où la musique est oralement transmise, aussi bien que des pièces enregistrées pour être diffusées commercialement facilitent désormais le développement d'études diachroniques portant sur le changement et la pérennité des formes et des pratiques musicales, études qui peuvent être rapportées à celles qui traitent des changements sociaux et culturels. Les recherches sur la musique, ici encore, fournissent des points de vue sur la société mettant en relief des aspects qui, sans elles, risqueraient de passer inaperçus ou d'être considérés comme insignifiants. L'histoire des musiques jamaïcaines des années 1960-1970 en fournit un exemple intéressant, tout comme celle du creuset dakarois dans lequel ont été mêlées musiques traditionnelles de diverses régions sénégalaises et musiques afro-cubaines pour fondre de nouveaux genres apparus après l'indépendance ; l'étude du changement de formule rythmique dans le samba de Rio de Janeiro par Carlos Sandroni demeurant un modèle de la mise en relation de l'évolution musicale et des mutations sociales.

Dans cette perspective – celle d'un terrain musical comme point de départ d'une appréhension globale de la société – il faut souligner, encore une fois, que la construction du savoir n'a de validité et de pertinence que si elle est *coproduction* du savoir entre des « sachants » possédant différents types de connaissance et d'expérience qui sont, plus que complémentaires, indispensables les uns aux autres. Dès lors, le terrain ne peut plus être pensé comme le moment où, dans un certain espace, un « chercheur » vient observer des « Autres », mais comme la situation dans laquelle se rencontrent des personnes ayant des compétences diverses qui décident de les mettre en commun pour mieux comprendre les phénomènes sur lesquels ils ont décidé de se pencher ensemble. Ce « partenariat épistémique »[9] n'enlève rien au rôle particulier du chercheur qui, de son côté, va mettre les résultats de la recherche coproduite en formes reconnues dans la société à laquelle il appartient, en fonction des modalités de diffusion du savoir qui y prévalent (le plus souvent par l'écrit, mais aussi par le disque ou le film) et des procédures d'évaluation

---

9. Jessica De Largy Healy, « Pour une anthropologie de la restitution : archives culturelles et transmissions des savoirs en Australie », *Cahiers d'ethnomusicologie*, vol. 24, 2011, p. 45-65, ici p. 24.

auxquelles il est de plus en plus soumis. Mais cela lui confère des responsabilités particulières : demeurer, quelles que soient les contraintes de la mise en forme, le plus fidèle possible aux résultats obtenus en commun, sans aliéner pour cela sa liberté d'interprétation. Défi qui implique de nettement signaler, dans la mise en forme, ce qui relève des uns et de l'autre ; de donner clairement crédit aux coproducteurs des résultats ; de remettre aux musiciens et aux représentants de la « communauté » à laquelle ils appartiennent les résultats de la recherche ; l'idéal semblant devoir désormais être la coproduction de projets de recherche musicale et la constitution d'archives numérisées accessibles, selon des règles qui peuvent varier, dans le pays de travail de l'ethnomusicologue et dans la région d'origine des musiciens. Sans oublier que cette conception de la construction des connaissances implique que, sur le terrain même, parmi ceux qui ont participé à la recherche, les nouveaux savoirs acquis peuvent influer sur le déroulement de la vie musicale et sociale, c'est-à-dire entrer dans l'incessante dialectique des dynamiques du dedans et du dehors.

Bibliographie

Arom, Simha, « Musicologie et ethnomusicologie », dans Serge Bahuchet et Jacqueline M. C. Thomas (dir.), *Encyclopédie des Pygmées aka*, Paris, SELAF, 1983, t. 1, fasc. 1, p. 29-34.

—, *Polyphonies et polyrythmies instrumentales d'Afrique centrale : structure et méthodologie*, Paris, SELAF, 1985.

Arom, Simha et Thomas, Jacqueline, *Les mimbo, génies du piégeage et le monde surnaturel des Ngbaka-Ma'bo (République centrafricaine)*, Paris, SELAF, 1974.

Balandier, Georges, *Sens et puissance : les dynamiques sociales*, Paris, Presses universitaires de France, 1971.

Cook, Nicholas, *A Very Short Introduction to Music*, Oxford, Oxford University Press, 1998.

De Largy Healy, Jessica, « Pour une anthropologie de la restitution : archives culturelles et transmissions des savoirs en Australie », *Cahiers d'ethnomusicologie*, vol. 24, 2011, p. 458-65.

Giddens, Anthony, *Social Theory and Modern Sociology*, Stanford, Stanford University Press, 1987.

Martin, Denis-Constant, *Aux sources du Reggae : musique, société et politique en Jamaïque*, Roquevaire, Parenthèses, 1982.

—, « "Auprès de ma blonde…" Musique et identité », *Revue française de science politique*, vol. 62, n° 1, 2012, p. 21-44.

Martin, Denis-Constant *et al.*, *Quand le rap sort de sa bulle : sociologie politique d'un succès populaire*, Paris, IRMA / Bordeaux, Mélanie Seteun, 2010.

Molino, Jean, *Le singe musicien : essais de sémiologie et d'anthropologie de la musique*, textes réunis par Jean-Jacques Nattiez en collaboration avec Jonathan Goldman, précédé de « Introduction à l'œuvre de Jean Molino » par Jean-Jacques Nattiez, Arles, Actes Sud / Paris, INA, 2009.

Nattiez, Jean-Jacques, *Music and Discourse : Toward a Semiology of Music*, Princeton, Princeton University Press, 1990.

OLIVIER DE SARDAN, Jean-Pierre, *La rigueur du qualitatif : les contraintes empiriques de l'interprétation socio-anthropologique*, Louvain-la-Neuve, Academia Bruylant, 2008.

SANDRONI, Carlos, « La Samba à Rio de Janeiro et le paradigme de l'Estacio », *Cahiers de musique traditionnelle*, vol. 10, 1997, p. 153-168.

—, « Changement de modèle rythmique dans le samba de Rio, 1917-1933 », dans *Musiques d'Amérique latine*, actes du colloque (Cordes, 19-20 octobre 1996), Cordes, Cordæ / La Talvera, 1998, p. 93-108.

—, *Feitiço Decente : transformações do samba no Rio de Janeiro (1917-1933)*, Rio de Janeiro, Jorge Zahar / Editoria UFRJ, 2001.

SHAIN, Richard M., « Roots in Reverse : Cubanismo in Twentieth Century Senegalese Music », *International Journal of African Historical Studies*, vol. 35, nº 1, 2002, p. 83-101.

—, « The Re(public) of Salsa : Afro-Cuban Music in Fin-de-Siècle Dakar », *Africa*, vol. 9, nº 2, 2009, p. 186-206.

INDEX DES NOMS

Sont indexés ci-dessous les noms mentionnées dans le texte ainsi que ceux des auteurs des ouvrages cités en notes de bas de page et dans les bibliographies complémentaires à chaque chapitre.

TABLE DES MATIÈRES

Suite des ouvrages parus dans la collection

Écrits de compositeur : une autorité en question, sous la direction de Michel DUCHESNEAU, Valérie DUFOUR et Marie-Hélène BENOIT-OTIS, 2013, 440 pages.

SERGE DIAGHILEV, *Danse, musique, beaux-arts : lettres, écrits et entretiens*, présentés et annotés par Jean-Michel NECTOUX, 2013, 542 pages.

Du politique en analyse musicale, sous la direction de Esteban BUCH, Nicolas DONIN et Laurent FEYNEROU, 2013, 256 pages.

CAMILLE SAINT-SAËNS, *Écrits sur la musique et les musiciens 1870-1921*, par Marie-Gabrielle SORET, 2012, 1172 pages.

Liszt et la France : musique, culture et société dans l'Europe du XIXe siècle, sous la direction de Malou HAINE, Nicolas DUFETEL, Dana GOOLEY et Jonathan KREGOR, 2012, 608 pages.

Généalogies du romantisme musical français, sous la direction d'Olivier BARA et Alban RAMAUT, 2012, 288 pages.

Le Conservatoire national de musique et de déclamation 1900-1930 : documents historiques et administratifs, par Anne BONGRAIN, 2012, 752 pages.

La symphonie dans la Cité : Lille au XIXe siècle, par Guy GOSSELIN, 2011, 504 pages.

Le style de Claude Debussy, par Sylveline BOURION, 2011, 514 pages.

Lettres de Franz Liszt à la princesse Marie de Hohenlohe-Schillingsfürst, née de Sayn-Wittgenstein, présentées et annotées par Pauline POCKNELL, Malou HAINE et Nicolas DUFETEL, 2010, 436 pages.

Charles Koechlin, compositeur et humaniste, sous la direction de Philippe CATHÉ, Sylvie DOUCHE et Michel DUCHESNEAU, 2010, 610 pages.

Composer au XXIe siècle : pratiques, philosophies, langages et analyses, sous la direction de Sophie STÉVANCE, 2010, 206 pages.

www.vrin.fr

Imprimé en France par CPI
en mars 2015

Dépôt légal : mars 2015
N° d'impression : 127732